O CADE E AS REESTRUTURAÇÕES SOCIETÁRIAS

Ticiana Nogueira da Cruz Lima

Dados Internacionais de Catalogação na Publicação (CIP)
(Câmara Brasileira do Livro, SP, Brasil)

Lima, Ticiana Nogueira da Cruz
O Cade e as reestruturações societárias. / Ticiana Nogueira da Cruz Lima. São Paulo: Singular, 2006.

151 p.
ISBN: 85-86626-27-9

1. Empresa, cisão, Brasil. 2. Empresa, incorporação, Brasil. 3. Empresa, fusão, Brasil. 4. Empresa, cisão, aspectos jurídicos, Brasil. 5. Empresa, incorporação, aspectos jurídicos, Brasil. 6. Empresa, fusão, aspectos jurídicos, Brasil. 7. Empresa, cisão, aspectos jurídicos, Brasil. 8. Direito empresarial, incorporação, Brasil. 9. Direito empresarial, cisão, Brasil. 10. Direito empresarial, fusão, Brasil. I. Conselho Administrativo de Defesa Econômica (Brasil) (Cade). II. Título.

CDU: 347.725(81) CDD: 342.224

Diagramamação: Microart – Com. Editoração Eletrônica Ltda.
Capa: Estúdio Graal

Rua José Nóbrega Barbosa n.º 100
CEP 02336-090 – São Paulo – SP
Tel./Fax: 55 11 3862-1242
www.editorasingular.com.br
singular@editorasingular.com.br

Ticiana Nogueira da Cruz Lima

O CADE E AS REESTRUTURAÇÕES SOCIETÁRIAS

EDITORA SINGULAR

AGRADECIMENTOS

Esse livro é o produto de uma série de pesquisas que comecei a realizar logo nos primeiros anos da faculdade. Assim, posso dizer, sem exageros, que todas as pessoas que contribuíram para a minha formação ao longo desse período participaram em alguma medida da sua elaboração.

Dentre essas pessoas, agradeço especialmente ao Professor Ronaldo Porto Macedo Júnior pelo empenho com que me incentivou a conceber, produzir e finalmente publicar esta obra. Sua dedicação no papel de orientador, e o comprometimento que tem demonstrado com a formação dos estudantes de minha geração, levo de lição para sempre.

Igualmente importante para o meu desenvolvimento acadêmico durante os anos de realização dessa pesquisa foi o trabalho que desenvolvi junto à Sociedade Brasileira de Direito Publico – SBDP, um ambiente raro de amizade e de incentivo à pesquisa jurídica no Brasil. Agradeço a todos que se dedicam a esse projeto, nas pessoas do Professor Carlos Ari Sundfeld e Roberta Alexandr Sundfeld.

Não poderia também deixar de agradecer a Ana Carolina Lopes de Carvalho, amiga que, entre muitas outras coisas, tornou possível a busca das decisões na quase inacessível jurisprudência do Cade.

Agradeço ainda ao Professor Celso Campilongo pelas valiosas contribuições que deu ao trabalho por ocasião da Banca Examinadora, e a José Carlos Busto, da Editora Singular, por viabilizar esta publicação.

A realização desse trabalho também não teria sido possível sem o apoio da Fundação de Amparo à Pesquisa do Estado de São Paulo, a quem agradeço pela bolsa de iniciação científica concedida.

Por fim, um agradecimento mais que especial a minha família, sempre presente em todos os momentos, aos meus queridos amigos uspaladinos, e ao Rodrigo, a quem dedico este livro.

PREFÁCIO

O Direito Constitucional e o Direito Econômico, e, dentro deste último, em particular o Direito da Concorrência e o Direito Regulatório, transformaram-se nos últimos anos em duas das mais charmosas áreas de interesse para os estudantes e pós-graduandos em direito. É notável a proliferação de teses, monografias e ensaios sobre estas áreas, notadamente sobre a questão dos princípios constitucionais.

Ao lado do modismo, comum na cultura jurídica nacional, essas áreas do direito apresentam motivos mais substantivos para terem despertado o interesse dos estudiosos e novos acadêmicos. Um traço comum importante presente nesses campos do saber jurídico refere-se ao fato de que neles diversos parâmetros e racionalidades jurídicas formalistas são desafiados por novos problemas e novas teorias. A expansão do debate sobre a incidência dos princípios na interpretação constitucional e dos "temas constitucionalizados" (muita coisa!) é clara expressão deste movimento. Basta ver a quantidade de títulos de trabalhos jurídicos que têm como assunto "Princípios do..." direito da concorrência, consumidor, direito civil etc., ou ainda "direito... (civil, tributário, administrativo etc.) constitucional".

Paradoxalmente, contudo, apesar de os temas novos serem desafiadores, não raro vemos uma abundante literatura de resumo, doxográfica, sendo produzida, dedicada a novamente ensinar-nos o que é o Teorema de Coase ou a construir um novo formalismo principiológico que apenas requenta com novas citações uma fácil e velha retórica jurídica. Assim, muitas vezes, sob o pretexto de se fazer teoria (ainda que teoria dogmática), acaba-se realizando aquilo que H. L. A. Hart indiretamente descreveu como não sendo a tarefa de um bom livro de teoria: "espero que esta solução possa desencorajar a crença de que um livro sobre teoria jurídica é antes de mais nada um livro a partir do qual se aprende o que outros livros contêm".

A análise e a descrição das novas formas pelas quais a racionalidade jurídica é atingida e modificada no campo do direito constitucional ou antitruste demandam cada vez mais um estudo dos novos problemas em seus detalhes, em seus contextos de formação. Isto é trabalhoso e demanda estudo que vai além dos resumos de manuais e doutrina, o que exige do pesquisador descer aos casos, à lógica das decisões e perceber como se formam os novos conceitos, as novas soluções e se constrói uma nova racionalidade para o direito.

O livro que o leitor tem em suas mãos revela méritos que transcendem o seu objeto específico, visto que contribui de maneira inteligente para a análise e a crítica de como um tema de fronteira entre o direito antitruste e o direito societário vem exigindo novas categorias para a solução de problemas práticos no direito brasileiro. Ademais, contribui se apresentado como um modelo de como um trabalho de pesquisa em direito pode ser feito conciliando pesquisa empírica e reflexão teórica em dogmática jurídica. Neste sentido, ele não é um livro para se aprender o que outros livros contêm.

Importa, contudo, não minimizar a importância direta do tema tratado, visto que é provavelmente este o motivo que levou o leitor a ter este livro em suas mãos. Quais são os casos de reestruturação societária que devem ser apreciados pelo Cade? Reestruturação societária é a mesma coisa que reorganização societária? Tal distinção é relevante para definir a obrigatoriedade de apresentação dessas operações perante o Cade? Há muitos anos o Cade vem enfrentando um grande desafio para racionalizar os critérios que justificam a obrigatoriedade de apresentação de operações de reestruturação e/ou reorganização societária perante o Cade. Um entendimento demasiadamente vago e abrangente vem obrigando empresas e o próprio Cade a consumirem esforços na apresentação de operações de pouco ou nenhum potencial risco para a concorrência. Por outro lado, entendimentos muito restritivos parecem fazer vista grossa a hipóteses que teoricamente poderiam ser de relevância concorrencial. Ademais, ao lado do debate acerca dos critérios econômico-concorrenciais que justificariam a adoção de exigências mais ou menos restritivas, cabe lembrar que o desafio do Cade tem sido o de tomar decisões a partir e com fundamento na legislação em vigor, isto é, em respeito à racionalidade jurídica positivada pela Lei 8.884/1994. Em outras palavras, a questão que o Cade vem enfrentando não se traduz num exercício de legislar sobre a matéria, mas antes de interpretar razoavelmente as normas que regulam a questão. Nesta hipótese, quais são os limites para a interpretação do direito? Qual é o papel da doutrina como elemento de determinação dos conceitos nem sempre bem determinados que se encontram na legislação? Para piorar, qual doutrina? A doutrina tradicional sobre Direito Societário? Aquela (incipiente) sobre o Direito Antitruste? Nesta ultima hipótese, até onde se aplica a doutrina estrangeira, construída a partir de e para aplicação num sistema jurídico-normativo diverso?

Estas são algumas das questões que são abordadas neste sintético livro. A partir de um problema real (para empresas e para o Cade), a autora investiga como se foi construindo uma interpretação sobre um tema aparentemente sem maior charme no âmbito do antitruste (especialmente para aqueles que se encantam com a retórica dos princípios ou se impressionam com a literatura de resumo), mas que vem exigindo um esforço intelectual para responder as perguntas acima indicadas.

Para fazê-lo, conjugou um método histórico descritivo, i.e., analisou como a jurisprudência do Cade foi se construindo e modificando, com uma reconstrução dogmático-analítica, mostrando como este problema de intersecção entre o direito societário e o direito antitruste exige um exercício criativo e sutil de categorias jurídicas. Em sua reconstrução histórica, a autora procurou mostrar como a jurisprudência do órgão se alterou e se produziu, não apenas como resultado de suas incoerências e falta de memória institucional (que infelizmente ainda ocorrem), mas também em razão de novas compreensões sobre a racionalidade da aplicação do direito antitruste.

Em sua tarefa dogmático-reconstrutiva, a autora analisou como o problema era e foi tratado pela doutrina de direito societário e de direito antitruste, bem como os limites e condicionantes normativos que são impostos ao intérprete do direito pela lei brasileira que regula a matéria. Oxalá o esforço deste trabalho venha a ser objeto de reflexão por parte daqueles que mais diretamente são afetados pelos problemas que ele procura analisar: advogados, conselheiros do Cade, juristas, economistas, empresas e profissionais que atuam perante o Sistema Brasileiro de Defesa da Concorrência.

O trabalho sintético, direto, analítico e construído a partir de um problema contém, a meu juízo, os melhores predicados que uma pesquisa acadêmica em direito deve possuir. É notável que seja fruto de uma precoce e excelente pesquisa de iniciação científica feita durante o período de graduação.

Ronaldo Porto Macedo Júnior

Professor da Faculdade de Direito da Universidade de São Paulo e da Escola de Direito da Fundação Getulio Vargas Ex-Conselheiro do Cade

SUMÁRIO

PREFÁCIO 5

INTRODUÇÃO 11

PARTE I – RELAÇÃO ENTRE DIREITO SOCIETÁRIO E DIREITO DA CONCORRÊNCIA 13

1.1 Efeitos concorrenciais do direito societário 13

1.1.2 A sociedade anônima e os efeitos concorrenciais do direito societário brasileiro 13

1.1.3 Os grupos de sociedade e os efeitos concorrenciais do direito societário brasileiro 20

1.2 A função do direito societário na análise concorrencial 21

1.2.1 A noção de grupos de sociedade: um contraste entre direito concorrencial e direito societário 22

1.2.2 O conceito de grupo da legislação societária 22

1.2.3 A instrumentalidade do conceito da legislação societária.... 30

1.2.3.1 Incompatibilidades 30

a) A visão econômica de grupo 30

b) O consórcio e o desinteresse do direito societário pelos processos associativos 33

2.1.3.2 Elementos úteis 36

1.3 A insuficiência do direito societário 37

PARTE II – DIREITO CONCORRENCIAL E A QUESTÃO DA REESTRUTURAÇÃO SOCIETÁRIA 41

2.1 Análise concorrencial das reestruturações societárias: a visão do Cade 41

2.1.1 Principais aspectos 41

2.1.1.1 A noção de grupos de sociedade na jurisprudência do Cade 42

2.1.1.2 O uso feito das noções de reestruturação e reorganização societária 42

2.1.1.3 A identificação de reestruturações societárias... 46

2.1.1.4 As noções de concentração, influência dominante e influência relevante: um breve comentário ... 54

2.1.1.5 Conhecer ou não conhecer de reestruturações societárias? 56
2.2 As diversas correntes que predominaram na jurisprudência do Conselho: um panorama geral 71
2.2.1 Os primeiros anos da história do Cade: 1994 a 1996 72
2.2.2 Momento de indecisão: indiferença da parte de alguns e apego da parte de outros ao entendimento dos primeiros anos 73
2.2.3 Nova tentativa de formação de um entendimento consolidado: o desafio da construção de um novo critério 78

PARTE III – HIPÓTESES DE REESTRUTURAÇÃO SOCIETÁRIA QUE DEVEM SER APRESENTADAS AO CADE 81
3.1 Alguns pontos de partida 81
3.2 A definição de reestruturação societária 87
3.3 As hipóteses de reestruturação societária que devem ser apresentadas ao Cade 95
3.3.1 A s experiências estrangeiras 95
3.3.1.1 O sistema americano 95
3.3.1.2 O sistema europeu 98
3.3.2 Uma solução para o caso brasileiro 99
3.3.2.1 Reestruturações societárias de base societária: reorganização societária, consolidação de controle e operações entre acionistas 101
a) Reorganizações societárias 102
b) Consolidação de controle 109
c) Operações entre acionistas 113
3.3.2.2 Reestruturações societárias de base contratual: aquisição de participação minoritária e aquisições de ações preferenciais 117
a) Aquisição de participação minoritária 118
b) Aquisição de ações preferenciais 119

CONCLUSÃO 121

BIBLIOGRAFIA 123

ANEXO 125

INTRODUÇÃO

O objetivo do presente trabalho é contribuir para a determinação de quais as hipóteses de reestruturação societária devem ser apresentadas ao Conselho Administrativo de Defesa Econômica (Cade). Tal contribuição será dada por meio de uma reflexão teórica sobre o possível impacto concorrencial das reestruturações societárias, que se baseará principalmente na análise da jurisprudência do Cade acerca do tema.

A questão que se coloca envolve dois problemas distintos: um de ordem teórica e outro de ordem prática. O problema teórico consiste em determinar precisamente quais hipóteses de reestruturação societária podem ter um impacto concorrencial significativo a ponto de justificar sua apresentação ao Cade. Já o problema prático refere-se às dificuldades atualmente vividas pelo Sistema Brasileiro de Defesa da Concorrência (SBDC) em decorrência do excesso de apresentação de operações sem forte evidência de impacto concorrencial, que produz custos elevados tanto para o sistema quanto para os particulares.

A questão de ordem teórica é tratada, aqui, sempre tendo em vista a necessidade da adoção de uma solução prática que ajude a racionalizar a aplicação dos recursos no SBDC, evitando que sejam desperdiçados na análise desnecessária de algumas operações que sabidamente não têm impacto concorrencial relevante.

Diante dessa preocupação, o trabalho acabou sendo dividido em três partes: (i) relação entre direito societário e direito da concorrência; (ii) direito concorrencial e a questão de reestruturação societária; e (iii) hipóteses de reestruturação societária que devem ser apresentadas ao Cade.

A parte I introduz o controverso tema dos efeitos concorrências das reestruturações societárias mediante a análise da relação entre o direito societário e o direito concorrencial. Serão examinados os efeitos concorrências do direito societário, os problemas que surgem do descompasso entre os dois ramos do direito e a insuficiência do direito societário para tratar da questão da reestruturação societária.

Na parte II, o problema da análise concorrencial das reestruturações societárias começa a ser diretamente tratado. A abordagem escolhida foi examinar os diversos posicionamentos do Cade sobre o tema por meio de uma pesquisa na jurisprudência do órgão. Esse exame da postura do Cade é feito primeiramente sob uma perspectiva analítica, em que se examina como se deu o tratamento de alguns pontos específicos da matéria nas decisões do Conselho, e em seguida sob uma perspectiva histórica, em que se procura traçar um panorama geral de como o Cade decidiu casos envolvendo reestruturações societárias desde 1994 até julho de 2006, buscando identificar os chamados *leading cases* que levaram a uma mudança no posicionamento do Conselho. A intenção foi expor de forma sistemática as já conhecidas dificuldades práticas que o Cade enfrenta ao apreciar casos desse tipo.

Feita essa exposição, a parte III apresenta uma proposta de solução para o problema teórico por trás dessas dificuldades, qual seja saber quais hipóteses de reestruturação societária podem ter impacto concorrencial relevante a ponto de justificar sua apresentação ao Cade. Após uma breve análise do tratamento dado à questão em alguns sistemas estrangeiros de defesa da concorrência, procura-se lidar com ela tendo em vista as peculiaridades do caso brasileiro. Para tanto, essa parte do trabalho volta especial atenção para a definição de reestruturação societária.

PARTE I

RELAÇÃO ENTRE DIREITO SOCIETÁRIO E DIREITO DA CONCORRÊNCIA

1.1 Efeitos concorrenciais do direito societário

Os efeitos concorrenciais do direito societário brasileiro serão abordados especificamente em dois campos distintos: a sociedade anônima e os grupos de sociedade. Ambos os campos foram escolhidos tendo em vista sua grande relevância para o exame do problema referente à análise antitruste de reestruturações societárias.

Conforme ficará demonstrado, há uma forte tendência por parte da legislação societária brasileira em favorecer a concentração. Com isso, tem-se que, diante da total falta de soluções organizativas (societárias) que impeçam a concentração de poderes nas sociedades anônimas e nos grupo de sociedade, resta logicamente ao direito da concorrência atuar de forma intensa nesses campos, buscando estimular a opção pelo crescimento interno.[1]

1.1.2 A sociedade anônima e os efeitos concorrenciais do direito societário brasileiro

A idéia de que o direito societário pode interferir na concorrência na medida em que tenha ou não um viés concentrativo não é nova, já tendo sido defendida no Brasil com maestria por autores como Calixto Salomão Filho[2] e Fábio Ulhoa Coelho.[3] O fundamento de tal idéia reside na constatação de

---

[1] De acordo com Calixto Salomão Filho: "O Direito societário brasileiro é não neutro, o que é inconveniente. Ocorre que, em presença de uma lei societária como a brasileira, que incentiva fortemente as concentrações, o direito concorrencial deve atuar com muito mais vigor, abarcando um número maior de hipóteses (o que significa que a aplicação dos critérios de identificação – mas não dos critérios de sancionamento – deve ser mais rigorosa)" (*Direito concorrencial*: as estruturas. 2. ed. São Paulo: Malheiros, 2002. p. 252).

[2] Ibidem, p. 246-252. Em sentido muito próximo em relação a esse aspecto, ver também artigo de Otavio Yasbek (Política econômica, legislação societária e aplicação do direito da concorrência no Brasil. *RDM*, n. 117, p. 136-149, jan.-mar. 2000).

[3] O conceito de poder de controle na disciplina jurídica da concorrência. *Revista do Instituto dos Advogados de São Paulo*, v. 2, n. 3, p. 19-25, jan.-jun. 1999.

que o direito societário pode ter características que facilitem ou dificultem a concentração, bastando, para tanto, uma opção legislativa.

Nesses termos, tem-se que, se determinada conjuntura político-econômica impõe as vantagens de uma estrutura produtiva centralizada, não raro encontraremos diplomas legais produzidos para ir ao encontro dessas necessidades e dos interesses dos grupos de pressão que costumam se formar em torno de questões desse porte.

No Brasil, foi justamente esse o caso quando da elaboração da legislação societária nacional referente às sociedades anônimas. A Lei 6.404/1976 nasce, segundo um dos próprios autores de seu Anteprojeto,[4] com o objetivo de propiciar o desenvolvimento e o fortalecimento da grande empresa privada brasileira, tornando viável sua competição com os gigantes internacionais.

A política brasileira de desenvolvimento praticada nas décadas de 60 e 70[5] fonte desse culto à grande empresa como forma de garantir a continuidade do processo de industrialização brasileiro, gerou uma legislação societária que propositalmente favorece as concentrações, ao centralizar os poderes na figura do acionista controlador e facilitar a aquisição e a transferência do controle de uma dada sociedade.

Três aspectos da legislação societária brasileira demonstram bem esse seu viés concentracionista: (i) a proporção entre o capital votante da sociedade e seu capital total, (ii) a distribuição interna de poderes na sociedade e (iii) a regulamentação da responsabilidade do controlador.[6]

São esses elementos que definem o preço da concentração[7] no direito brasileiro, é dizer, os custos envolvidos e o grau de dificuldade implicado

---

4 Alfredo Lamy Filho. A reforma da lei de sociedades anônimas. *RDM*, v. 35, n. 104, p. 86-94, out.-dez. 1996.

5 O lançamento de Planos Nacionais de Desenvolvimento é a grande marca desse período. A lei das sociedades anônimas é elaborada no contexto do PND II, durante o governo Geisel, quando, mesmo após a crise do petróleo em 1973, insistiu-se em incentivar a indústria de bens de capital, dentre os quais inclui-se o próprio petróleo. Essa opção pelo crescimento econômico, em detrimento de uma orientação econômica recessiva (alternativa mais óbvia em tempos de crise), implicou a necessidade de incentivar investimentos privados nos setores-chave para a continuação do processo de industrialização brasileiro (setor energético), ainda que, a princípio, o PND II tivesse como centro a figura da grande empresa estatal.

6 No apontamento e análise desses aspectos sigo de perto Calixto Salomão Filho, *Direito concorrencial...*, cit., p. 244 e ss.

7 A expressão, cunhada na Alemanha na década de 70 por U. Immenga, é utilizada no Brasil por Calixto Salomão Filho.

na realização de uma operação de concentração de empresas no direito pátrio. Custos e dificuldades que, uma vez determinados, permitem que se conheça o grau de interesse existente na implementação de concentrações e conseqüentemente possibilitam a estipulação da freqüência com que esse tipo de negócio ocorre no País.

O primeiro aspecto levantado, uma vez analisado pelo prisma da legislação societária pátria, serve de ilustração ao poderoso incentivo dado às concentrações pela lei societária de 1976.

Em comparação com outros diplomas legais ao redor do mundo,[8] a lei brasileira era uma das mais permissivas quanto ao volume de capital não votante admitido, permitindo que até dois terços das ações emitidas consistissem em ações preferenciais sem direito a voto (art. 15, § 2.º).

Como o capital não-votante, a princípio, não tem influência nas decisões a serem tomadas no âmbito da empresa, o poder de controlar a empresa passava a residir apenas em 1/3 do seu capital total, o capital votante. Em termos concorrenciais, isso significava que no Brasil podia ser extremamente "barato" adquirir o controle majoritário de uma companhia, bastando, para tanto, obter 16,7% das ações da sociedade, o equivalente à maioria do capital votante, nos casos em que se adotava o limite máximo de capital não-votante permitido em lei.

Nessas condições, não é de surpreender que, não raro, fosse mais conveniente ao empresário comprar a organização empresarial alheia do que optar por investir em crescimento interno (o que seria a melhor alternativa em termos concorrenciais). Os resultados dessa permissividade da lei brasileira são sentidos até hoje, por meio das altas taxas de concentração do mercado brasileiro.

Para piorar, a recente reforma de 2001, que alterou para 50% o limite máximo legal de emissão de ações preferenciais sem direito a voto, só conseguirá produzir efeitos no sentido da mudança desse quadro a longo prazo. Isso porque a Lei 10.303, ao dispor sobre a aplicação do § 2.º do art. 15 da Lei das Sociedades Anônimas às companhias já existentes, determina que as sociedades abertas poderão manter a proporção de até dois terços de ações preferenciais relativas ao total de ações emitidas, inclusive em relação às novas emissões. Ora, é de esperar que os controladores dessas companhias façam uso desse privilégio

[8] Na Itália (art. 2.351 do Código Civil e o art. 14 da Lei 216/7194), em Portugal (art. 341 da Lei das Sociedades Comerciais), na Espanha (art. 90 da Lei 1.564/1989) e no Uruguai (art. 323 da Lei 16.060/1989), as ações preferenciais estão limitadas à metade do capital social. Na França (art. L228-12 do Código de Comércio) o limite máximo é de um quarto do capital social.

(no pior sentido do termo), contribuindo assim para a perpetuação do estado concentrado do mercado pátrio por mais alguns anos.

Criou-se, assim, uma exceção totalmente sem propósito à redução da quantidade de ações preferenciais permitidas, em flagrante contradição com os objetivos da reforma que então se realizava da lei das sociedades por ações. Esse também é o entendimento da quase totalidade dos autores que já se manifestaram sobre o tema, que são unânimes em rechaçar a tese de que as companhias já existentes teriam alguma espécie de direito adquirido ao regime jurídico revogado.[9]

Quanto ao segundo aspecto, há que destacar que a organização interna da sociedade brasileira gira em torno da figura do controlador. O legislador brasileiro, talvez tendo em mente a realidade concentrada do mercado nacional, elegeu o acionista controlador como o principal centro de poderes decisórios da sociedade.

Nunca foi intenção do legislador retirar do controlador o poder de efetivamente administrar a sociedade, criando órgãos independentes capazes de geri-las profissionalmente, e sujeitos apenas à fiscalização de acionistas (entre eles o controlador) ou terceiros (credores, por exemplo). Não por outros motivos, a doutrina já se referiu ao controle gerencial como um mito.[10]

São muitas as evidências dessa postura na legislação. A lei, por exemplo, imputa, no seu art. 116, diretamente ao controlador os deveres institucionais que normalmente se atribuem à sociedade, sinalizando o destaque do papel exercido por este na direção dos negócios.[11]

---

[9] Nesse sentido Jorge Lobo (Emissão de ações preferenciais sem direito de voto. *Reforma da Lei das Sociedades Anônimas*. Rio de Janeiro: Forense, 2002. p. 151) argumenta que a jurisprudência do STF já é pacífica ao negar a existência de direito adquirido a regime jurídico. O referido autor cita voto do Ministro Moreira Alves (2.ª Turma, RE 99.592, Rel. Min. Moreira Alves), em caso relativo à mudança do regime dos servidores públicos que, pelo grande paralelismo com a situação em tela, merece reprodução: "Essa Corte já firmou jurisprudência no sentido de que não há direito adquirido a regime jurídico, o que implica dizer que pode a lei nova, ao criar direito novo para servidor público, estabelecer exigência, quanto ao tempo de serviço exigido para a obtenção desse direito, que não observe o regime jurídico anterior no tocante ao âmbito de extensão da eficácia dos diferentes componentes que, pela lei antiga, integravam o tempo de serviço público para todos os efeitos das leis então existentes".

[10] V. N. Eizirik. O mito do controle gerencial: alguns dados empíricos. *RDM*, n. 66, abr.-jun. 1987.

[11] "Art. 116, parágrafo único. O acionista controlador deve usar o poder com o fim de fazer a companhia realizar o seu objeto e cumprir sua função social, e tem deveres e

Outro bom exemplo da predileção do legislador pelo controlador é o desenho legal do Conselho de Administração. Esse Conselho, ao mesmo tempo em que foi incumbido de desempenhar funções decisivas no comando das atividades da companhia, como fixar a orientação geral dos negócios (art. 142, I), foi também eleito a instância representativa dos interesses dos acionistas. Ora, esse Conselho, concebido para ser o verdadeiro órgão dirigente da empresa, acaba se tornando o mecanismo pelo qual o controlador dirige a sociedade. Ele acaba sendo apenas mais um mecanismo pelo qual consolida-se a atribuição das rédeas da sociedade nas mãos da figura do controlador, já que ele, na condição de acionista majoritário, consegue impor suas decisões ao Conselho. Não por outro motivo já se afirmou que grande parte dos conselheiros de administração são apenas prepostos dos acionistas controladores.[12]

A boa notícia é que a recente reforma da Lei das Sociedades Anônimas procurou trazer mudanças na disciplina da administração da companhia, no sentido de amenizar a incontestável supremacia do sócio controlador e proteger os interesses dos demais acionistas. Nessa linha, talvez as mais importantes novidades sejam as disposições que justamente alteram a disciplina do Conselho de Administração, determinando a participação dos acionistas minoritários e preferenciais na sua composição por meio da eleição de um conselheiro que os represente (art. 141).[13]

Entretanto, ainda que tais reformas tenham contribuído para que os acionistas minoritários, ou mesmo aqueles sem direito a voto, possam tomar conhecimento e discutir os atos de gestão da sociedade, elas não conseguiram fazer com que tais acionistas deixem de ser, em última instância, meros espectadores incapacitados de realmente influenciarem a tomada de decisões administrativas importantes.

---

responsabilidades para com os demais acionistas da empresa, os que nela trabalham e para com a comunidade em que atua, cujos direitos e interesses deve lealmente respeitar e atender."

[12] Paulo César Aragão. *Conselheiros e acordos de acionistas*. Disponível em: <wwwusers.rdc.puc-rio.br/gfranco/PAragao.htm>. Acesso em: 8 out. 2003.

[13] A participação de um representante dos trabalhadores no conselho, idéia de matriz institucionalista de ampla aceitação e aplicação na Alemanha, já vinha sendo praticada desde as privatizações das empresas estatais brasileiras, quando foi comum criar a obrigação aos novos controladores de mudarem os estatutos das empresas de maneira a promover essa mudança na composição do conselho. Por isso, atualmente, grandes empresas, como a Companhia Vale do Rio Doce – CVRD, adotam essa prática.

Apesar disso, há quem já faça advertências[14] quanto ao risco, para a adequada gestão da empresa, de levar ao extremo a garantia de direitos aos acionistas não controladores.

Parece, contudo, mais sensato asseverar que, embora haja uma grande e incontornável discussão doutrinária sobre em que medida a proteção aos acionistas minoritários deve ser assegurada sob pena de bloquear o processo de decisão da empresa, é precipitado trazê-la à baila no atual estágio de desenvolvimento da legislação societária brasileira nessa matéria.

Com efeito, não se afigura razoável temer o exagero quando ainda se enfrenta a carência de regras de proteção aos minoritários. O reequilíbrio do arranjo interno dos poderes da sociedade no Brasil passa necessariamente por um aprofundamento dos direitos dos acionistas minoritários, que ainda está por ser feito, apesar dos avanços alcançados em 2001.

No caso da composição do Conselho de Administração, por exemplo, pouco serve o estabelecimento da obrigatoriedade da representação dos minoritários, e mesmo dos trabalhadores, se ela limitar-se à imposição da presença de uma pessoa que nada poderá fazer para interferir na tomada das decisões, além de manifestar sua eventual discordância.

Essa alteração representa, na verdade, como coloca Calixto Salomão Filho,[15] apenas uma forma encontrada para dar efetividade à já existente regra do voto múltiplo, que visava justamente a garantir a eleição de representantes de minoritários ao Conselho, e que, no entanto, nunca logrou aplicação prática devido à possibilidade de não-coincidência dos mandatos dos conselheiros, que seguiram sendo eleitos um a um, de acordo com a escolha do controlador.

Há que lembrar, também que, da maneira como foi concebido, o Conselho representa não só a atribuição de poderes ao controlador, como também a total falta de controle sobre as decisões deste. Ele jamais poderá desempenhar o papel de fiscalização dos atos da administração que a princípio lhe seria inerente, posto que as funções mais relevantes para a gestão da companhia foram atribuídas a ele, e não à diretoria, à qual foi delegado

[14] Ver, por exemplo: Alfredo Lamy Filho. A empresa, os minoritários e o mercado de capitais. *Revista de Direito Bancário, do Mercado de Capitais e da Arbitragem*, n. 9; e Arnoldo Wald. A reforma da Lei das Sociedades Anônimas: os direitos dos minoritários na nova Lei das S.A. *A reforma da Lei das Sociedades Anônimas*. Rio de Janeiro: Forense, 2002. p. 233.

[15] *O novo direito societário*. 2. ed. São Paulo: Malheiros, 2002. p. 74-75.

um papel meramente executivo das decisões do controlador.[16] Esse desvio de função apenas agrava a situação de irresponsabilidade em que se encontra o controlador, que será tratada a seguir.

Essa carência de regulação da responsabilidade do controlador é o terceiro dos aspectos considerados como responsáveis pelo baixo preço da concentração no direito brasileiro. A principal razão para tanto é a grande ineficácia do art. 117 da Lei 6.404/1976, que trata das responsabilidades do acionista controlador. Tal ineficácia faz com que o parágrafo único do art. 116, que dispõe sobre os deveres do acionista controlador, acabe limitando-se à condição de elenco de princípios gerais norteadores da atividade de direção da companhia.

A vasta gama de poderes conferidos ao controlador não foi acompanhada por atribuição de responsabilidades em nível compatível. O art. 117 limita se a regular a responsabilidade interna, de sorte que o acionista controlador não responde por seus atos na mesma medida de seus poderes, sobretudo no que diz respeito a sua responsabilidade perante terceiros, entendidos principalmente como os credores, consumidores e trabalhadores. Como bem destaca Comparato,[17] graças à inexistência de sanções adequadas o acionista controlador que abusa de seu poder em face de terceiros acaba incorrendo apenas em responsabilidade por perdas e danos, o que gera dificuldades para determinação da forma como deve ser fixada a indenização e da titularidade da legitimidade para propor a ação visando o ressarcimento.

Diante desses dados, percebe-se que o direito societário brasileiro confere amplos poderes ao acionista controlador, sem fornecer os meios adequados para evitar abusos no seu exercício. Isto é, o acionista controlador possui liberdade para agir, administrando a companhia conforme seus interesses, restando aos demais acionistas, muitas vezes, apenas a possibi-

[16] O papel fundamental do Conselho de Administração na definição das estratégias de atuação da companhia no mercado e sua conseqüente influência em termos concorrenciais não passaram despercebidos pelo legislador. Fruto dessa percepção era a proposta constante no Projeto de Lei definitivo aprovado pelo Congresso de inclusão de um § 9.° ao art. 141, permitindo que o Cade questionasse a nomeação de membros do Conselho de Administração. Esse curioso dispositivo foi corretamente vetado pela Presidência da República, que percebeu não ser este tipo de intervenção o meio apropriado de se coibir abusos de poder econômico, antevendo a grande insegurança que a implementação dessa regra traria ao mercado, em razão da abertura da possibilidade de uma autarquia federal modificar a vontade dos acionistas.

[17] A reforma da empresa. *Direito empresarial: estudos e pareceres*. São Paulo: Saraiva, 1995. p. 36.

lidade de deixar a sociedade mediante o uso do direito de recesso quando se sintam prejudicados.

Em termos concorrenciais, isso significa que, para que se realize uma concentração entre empresas no Brasil, basta, em última instância, a presença da vontade do controlador que dispõe de órgãos inteiramente sob seu comando capazes de implementar seus planos para a companhia.

Em vista disso, as grandes operações de concentração entre empresas no mercado brasileiro são relativamente fáceis e baratas, na medida em que não precisam lidar com os custos de transação provenientes de complicados processos de negociação, a serem realizados no âmbito de cada empresa envolvida.

Não há na lei nada que impeça os controladores de fazer valer sua vontade. A legislação brasileira carece de uma regra eficaz para a solução de conflitos de interesses.[18] Por isso, o acionista minoritário acaba sendo estimulado a deixar a sociedade nas situações em que discorde das decisões do controlador. Nesse sentido, tem-se que um controlador majoritário pode, de acordo com a regra do art. 136, decidir sobre a fusão ou incorporação da companhia, bem como sobre sua participação em grupo de sociedades (incisos IV e V), posto que sozinho representa metade das ações com direito a voto (*quorum* qualificado mínimo exigido). Em contrapartida, diante da aprovação de tais decisões, resta ao acionista dissidente o direito de retirar-se da sociedade (art. 137, II).

1.1.3 Os grupos de sociedade e os efeitos concorrenciais do direito societário brasileiro

Os grupos societários inserem-se na gama de exemplos claros do viés concentracionista do direito societário nacional.

Apesar de inovar apresentando um conceito de grupo de sociedades no seu art. 265[19] e dedicar um capítulo inteiro a tratar do assunto, a Lei 6.404/1976 não oferece soluções eficazes para muitas das questões que surgem no âmbito dos grupos. Situação que, infelizmente, não foi sequer atenuada por suas alterações posteriores (Leis 9.457/1997 e 10.303/2001).

O binômio concentração dos poderes em torno do controlador e baixa proteção aos acionistas minoritários segue existindo no âmbito dos grupos

[18] A esse respeito ver Calixto Salomão, *O novo direito...*, cit., p. 87-93.

[19] "Art. 265. A sociedade controladora e suas controladas podem constituir, nos termos deste capítulo, grupos de sociedades, mediante convenção pela qual se obriguem a combinar recursos ou esforços para a realização dos respectivos objetos, ou a participar de atividades ou empreendimentos comuns."

de sociedade, tanto de fato quanto de direito, e traz consigo os mesmos problemas concorrenciais já abordados, porém agora potencializados.

No caso dos grupos societários de fato, os interesses dos chamados acionistas externos, é dizer, dos acionistas minoritários das sociedades integrantes do grupo societário, receberam tutela quase simbólica. As garantias outorgadas, formais e de difícil concretização, parecem ganhar ares meramente principiológicos, como no caso das responsabilidades atribuídas aos controladores.

Quanto aos grupos de direito, a situação é muito semelhante, se não pior. Neles, os acionistas minoritários passam a ter seus direitos submetidos às disposições da convenção de grupo após a terem aprovado, não lhes restando sequer o direito de recesso nas ocasiões em que tenham seus interesses prejudicados após dita provação. Obedecidas as disposições da convenção, é possível impor ao minoritário a subordinação dos interesses de uma sociedade aos de outra, bem como aos interesses do grupo sem qualquer contrapartida aos prejudicados.[20]

A falta de proteção também a terceiros completa as características que fazem do instituto dos grupos de sociedade um exemplo da falta de neutralidade do direito societário brasileiro com relação a aspectos concorrenciais. Nesse ponto, a situação é de perplexidade: tanto no caso dos grupos de direito quanto nos grupos de fato, a lei não oferece qualquer garantia aos credores das sociedades participantes. A lei brasileira, negando a realidade da confusão patrimonial inerente aos grupos econômicos, passa à margem da questão da responsabilidade perante terceiros, ao não contemplar a possibilidade de responsabilização, ainda que subsidiária, da sociedade de comando do grupo pelas dívidas adquiridas por suas controladas.

1.2 A função do direito societário na análise concorrencial

O direito societário, além de dever ser neutro com relação ao direito concorrencial, deve fornecer instrumentos para a análise antitruste das relações empresariais. O que se passa a fazer agora é justamente examinar se a noção societária de grupo de sociedade se presta a cumprir essa função.

Conforme se verá, a noção societária de grupo é completamente dissociada da realidade econômica que o direito antitruste pretende regular, o

[20] A legalização de submissão de interesse feita no art. 276 sem a previsão de qualquer compensação no âmbito dos grupos de sociedade de direito é apontada por Calixto Salomão Filho como o principal motivo para a pouca aplicação prática do instituto no direito pátrio (*O novo direito...*, cit., p. 46-47).

que reforça a idéia da irrealidade das formas do direito societário brasileiro, já demonstrada com a verificação do baixo preço de concentração. Com isso, procura-se enfatizar a necessidade de elaboração de critérios interpretativos, próprios da análise antitruste, que visem a abarcar da maneira adequada as diversas hipóteses de operações que possam causar prejuízos à concorrência. Critérios interpretativos esses, que, sem dúvida, passam pela adoção de uma noção de grupo de sociedade própria do direito concorrencial, sem prejuízo do aproveitamento dos elementos úteis que possam ser extraídos do direito societário.

1.2.1 A noção de grupos de sociedade: um contraste entre direito concorrencial e direito societário

Na busca do correto tratamento da questão da reestruturação societária, definição que por ora é tomada intuitivamente como referente a todas as operações que se realizam entre empresas que já eram previamente vinculadas, invariavelmente se deverá determinar o conceito de grupo de sociedades a ser adotado. Isso porque a participação em um mesmo grupo certamente é uma forma de vínculo entre empresas capaz de caracterizar as operações realizadas entre elas como reestruturações societárias.[21]

O que se pretende nesse item, além de contrastar a visão societária e a visão concorrencial do mesmo fenômeno, é traçar um panorama geral das diversas formas pelas quais as sociedades podem se relacionar, de maneira a melhor traduzir a realidade econômica subjacente ao conceito societário estudado. A noção dessa variedade será útil, mais tarde, para bem precisar o conceito de grupo a ser adotado no tratamento de reestruturações societárias.

1.2.2 O conceito de grupo da legislação societária

As formas de agrupamento societário desenvolvidas pelo gênio humano para fazer face às exigências de atingir economias de escala e graus de eficiência impostas pelos mercados globalizados são as mais diversas possíveis. Tamanha amplitude de possibilidades torna imprescindível situar melhor o conceito de grupo societário dentro desse plano geral das uniões entre sociedades.

---

[21] Ao definir o que se entende por reestruturação societária neste trabalho se verá que a noção corrente segundo a qual reestruturações societárias são operações realizadas dentro do mesmo grupo precisa ser revista para ser ampliada. As operações entre empresas do mesmo grupo são apenas uma possibilidade, dentre outras formas de reestruturação societária.

O conceito de grupo de sociedades estabelecido no art. 265 da lei societária brasileira[22] indica que, apesar de não conceder personalidade jurídica aos grupos de sociedade, a Lei das S.A. reconhece no grupo uma nova estrutura empresarial dotada de interesse próprio, superior e distinto dos interesses das sociedades que se unem para formá-lo.

Em linhas gerais, de acordo com a doutrina especializada,[23] o que caracteriza os grupos de sociedade, tal como abordados pelo direito societário, é a independência jurídica das sociedades integrantes do grupo, associada à unidade de direção econômica.[24]

Como a enorme variedade de possibilidades de formas pelas quais os grupos de sociedade podem apresentar-se na prática persiste, mesmo isolando-se as situações em que estão presentes ambas as características mencionadas, a doutrina e a legislação societária têm procurado ainda distinguir entre diferentes tipos de grupos de sociedade. Daí a existência de inúmeras classificações nessa matéria.

Nesses termos, costuma-se distinguir, por exemplo, entre os grupos societários de direito e os grupos societários de fato; entre os grupos de sociedade de modelo orgânico e entre os grupos de sociedade de modelo contratual; grupos de base societária ou financeira, grupos de base contratual e grupos de base pessoal; e, finalmente, entre os grupos de coordenação e os grupos de subordinação.[25]

As especificidades que essas classificações tentam abarcar dizem respeito, basicamente, à forma pela qual se dá o reconhecimento desses grupos pela ordem jurídica, à necessidade de instrumento contratual para o estabelecimento do grupo, ou suficiência da relação econômica, bem como

---

22 "Art. 265. A sociedade controladora e suas controladas podem constituir, nos termos deste capítulo, grupos de sociedades, mediante convenção pela qual se obriguem a combinar recursos ou esforços para a realização dos respectivos objetos, ou a participar de atividades ou empreendimentos comuns."

23 Nesse sentido ver: Jorge Lobo (Direito dos grupos de sociedade. *RDM,* n. 107, p. 106), José Miguel Embid Irujo (El derecho de los grupos de sociedades en Brasil – su significación y repercusión en el ordenamiento jurídico español. *RDM,* n. 71, p. 5-8) e Fran Martins (*Comentários à Lei de S.A.* Rio de Janeiro: Forense, 1979. v. 30, p. 420).

24 Ao referir-se ao mesmo fenômeno, Comparato alude ao "princípio da unidade de gestão sobre uma pluralidade de sociedades formalmente autônomas" (Os grupos societários na nova lei de sociedades por ações. *RDM,* n. 23, p. 92).

25 Sobre as diversas classificações ver Jorge Lobo, Direito..., cit., p. 103-106.

ao tipo de relação sob a qual o grupo se funda, que pode ser uma relação de cooperação ou uma relação de subordinação.

Ora, o conceito de grupo de sociedade para o direito societário brasileiro deriva diretamente da maneira como a Lei das S.A. pátria posicionou-se diante das questões envolvidas nessas classificações doutrinárias. Desta feita, é preciso averiguar em que medida a Lei 6.404/1976 reconhece e disciplina as diferentes formas de grupos de sociedades apontados pela doutrina por meio dessas classificações, para saber, precisamente, o que o direito societário brasileiro entende por grupo de sociedade.

Quanto a isso, pode-se dizer, de plano, que a Lei 6.404/1976 distingue claramente entre os grupos societários de direito e os grupos societários de fato, estabelecendo regime próprio para os primeiros, em detrimento dos segundos. A disciplina dos grupos de fato está prevista no Capítulo XX da lei, que trata genericamente das sociedades coligadas, controladoras e controladas, sem aludir a grupos e sem reconhecer que uma sociedade possa agir de acordo, ou mesmo submetendo-se aos interesses de outra, ao passo que os grupos de direito são regulados no Capítulo XXI, que traz especificamente a denominação "grupo de sociedades".

O elemento fundamental dessa dicotomia consiste na verificação da celebração ou não de acordo ou convenção grupal que formalize a existência do grupo. Havendo esse acordo, nos termos do qual a sociedade de comando pode submeter os interesses da comandada aos do grupo, este é considerado grupo de direito; na falta dele, o grupo é tido como grupo de fato e é regido pelas mesmas regras aplicadas às sociedades coligadas, controladoras e controladas de maneira geral.

Tal exigência formal da convenção que implica a adoção de regimes distintos acarreta, é claro, algumas diferenças no que tange à configuração jurídica desses grupos.[26] Entretanto, não obstante a dicotomia adotada pelo

[26] Nesse sentido, pode-se citar como exemplo o fato de que, de acordo com os arts. 272 e 274 da Lei 6.404/1976, os grupos de direito têm seus próprios órgãos, separados dos das sociedades filiadas, ao passo que os grupos de fato, justamente por não terem reconhecimento oficial, são dirigidos pela sociedade de comando, por meio de seu próprio conselho de administração. Há ainda outras diferenças, tais como a regra do art. 243, específica para os grupos de fato, atinente à informação dos investimentos em sociedades coligadas e controladas que obrigatoriamente deve constar no relatório anual da companhia que realiza tais investimentos, e a disciplina referente à proteção das sociedades controladas e a responsabilização da sociedade controladora pelo abuso de poder constante nos arts. 245 e 246, também específica para os grupos de fato, que se baseia na impossibilidade de submissão de interesses de uma sociedade a interesses externos.

legislador, as semelhanças entre ambos os tipos são bem freqüentes, mesmo no campo da sua regulação jurídica, sobretudo porque a maior parte das disposições do Capítulo XX da lei, referente às sociedades coligadas, controladoras e controladas, aplica-se também aos grupos de direito.

Ora, se no próprio tratamento jurídico dos dois grupos as semelhanças já são de alguma forma notáveis, apesar da diferença de regimes imposta pela lei, que dizer então das semelhanças quando analisadas pelo prisma do fenômeno econômico regulado que, na realidade, é essencialmente o mesmo, tanto se se tratar de grupos de fato como de grupos de direito.

A possibilidade de uma empresa intervir na gestão da outra tem o mesmo efeito, qual seja formar uma unidade econômica, quer seja reconhecida e regulada pela ordem jurídica, quer não. No âmbito estritamente econômico, existindo de fato uma direção econômica unitária ligando diversas empresas juridicamente autônomas, de pouca valia é a proibição constante no art. 245[27] da lei que, ao dispor sobre as sociedades coligadas, controladoras e controladas, tenta impedir que uma sociedade atue com base em um interesse geral ou mesmo no interesse de outra empresa, e não apenas pautada no seu interesse exclusivo.

A doutrina também, por sua vez, ao debruçar-se sobre o estudo dessa dicotomia, não raro se dispõe a enumerar elementos comuns aos dois tipos de grupo. Jorge Lobo, por exemplo, em seu conhecido trabalho a respeito do assunto, aponta as seguintes semelhanças: (i) centralização política do poder de controle societário; (ii) unidade de direção que permite a determinação dos rumos a serem tomados pelas sociedades controladas; (iii) autonomia patrimonial diante da inexistência de responsabilidade solidária no seio de ambos os grupos; (iv) independência jurídica das sociedades.[28]

A presença de tantas semelhanças e tão poucas diferenças embasa críticas quanto à manutenção da dualidade de regimes, pela qual optou o

---

[27] "Art. 245. Os administradores não podem, em prejuízo da companhia, favorecer sociedade coligada, controladora ou controlada, cumprindo-lhes zelar para que as operações entre sociedades, se houver, observem condições estritamente comutativas, ou com pagamento compensatório adequado; e respondem perante a companhia por perdas e danos resultantes de atos praticados com infração ao disposto nesse artigo."

[28] Jorge Lobo. Direito..., cit., p. 120. É preciso, contudo, ressaltar que o autor, ao enumerar tais semelhanças, não está se referindo também aos consórcios e coligações de modo geral por considerar que esse tipo de associação entre empresas não são grupos de sociedades, mas, sim, exemplos de processos cooperativos entre empresas, o que justifica a inclusão do item (i).

legislador brasileiro, sobretudo quando se percebe que por trás dessa dualidade encontra-se claramente uma propensão, por parte da Lei das S.A., de dar maior grau de reconhecimento aos grupos de direito, ignorando que tanto a realidade econômica quanto os interesses em jogo são os mesmos para os grupos de fato e para os grupos de direito.

Parece claro que, ao adotar essa distinção, regulando apenas os grupos de direito em capítulo destinado aos grupos de sociedade, e disciplinando os grupos de fato apenas por meio da disciplina das relações entre sociedades coligadas, controladas e controladoras, tentando ainda sublinhar a autonomia econômica das sociedades coligadas ou controladas (art. 245), o direito dos grupos de sociedades brasileiro acaba por se tornar apenas direito dos grupos de sociedade de direito, perdendo muito com isso quanto à realidade de suas formas.

Perde em realidade de formas, principalmente porque condiciona a aplicação da disciplina dos grupos de sociedade à celebração de contrato plurilateral típico que formalize a intenção das partes em formarem um grupo, ignorando por completo o fato concreto de uma ou mais companhias possuírem o controle acionário de outras ou estarem coligadas. Mais: perde também porque, ao submeter a aplicação do regime à vontade das partes, acaba por se tornar praticamente letra morta.

A postura da legislação brasileira diante da classificação que distingue grupos de fato de grupos de direito é indicativa da adoção do modelo contratual de grupos de sociedade, em detrimento do modelo orgânico. Ou seja, no Brasil, a formação do grupo de sociedades depende da deliberação das sociedades interessadas, que deve ser devidamente formalizada em instrumento próprio, que a lei denomina convenção grupal.[29]

Nesse ponto, as críticas feitas à falta de realidade da distinção entre grupos de fato e de direito repetem-se com os mesmos fundamentos. Na verdade, a própria eliminação da referida diferenciação passa pela adoção do modelo orgânico, este sim baseado em uma visão estritamente econômica dos grupos societários. De acordo com esse modelo, considera-se formado o grupo, a despeito de qualquer manifestação de vontade das sociedades agrupadas, quando se verifica a existência de uma sociedade dita de comando, capaz de determinar as diretrizes para a gestão das demais companhias, ditas controladas.

[29] Nesse sentido, o disposto nos arts. 265 e 266 na Lei das S.A. não deixa dúvidas quanto ao fato de que, no Brasil, as sociedades agrupadas devem celebrar um pacto pelo qual subordinam seus interesses aos interesses do grupo para que esteja caracterizado um grupo societário.

No que tange à distinção entre grupos de base societária ou financeira e grupos de base contratual, pode-se dizer que, tratando-se dos efeitos para a disciplina dos grupos de sociedades, a postura da legislação societária brasileira é secundária se comparada à posição adotada com relação à distinção entre grupos de fato e de direito, esta, sim, norteadora de todo o regime dos grupos de sociedade da Lei das S.A.

Embora não admita a formação de grupos de base exclusivamente pessoal,[30] a lei admite a existência de grupos de base financeira ou societária, bem como de grupos de base contratual. Como bem explica Comparato,[31] a Lei 6.404/1976 só regula os grupos de sociedades, não os grupos de empresas de modo geral, nem os grupos compostos por empresários individuais ou pelo Estado. Desta feita, se o vínculo entre as empresas não pode se dar exclusivamente por meio de pessoas físicas, é preciso que haja ou participação acionária, ou um contrato, como no caso da convenção consorcial.

Os grupos societários (fala se aqui dos grupos de direito e dos grupos de fato, indiretamente previstos na lei) podem, no regime da Lei 6.404/1976, formar-se, portanto, tanto contratualmente quanto mediante a participação acionária.

Nesse ponto, a permissividade da lei é muito positiva e em certa medida surpreendente, chegando mesmo a destoar do caráter restritivo que lhe vinha sendo criticado. Ela é positiva, sobretudo porque, de fato, não faria o menor sentido eleger apenas a participação societária ou apenas o contrato, seja ele qual fosse, como meio legítimo e reconhecido pela lei para o exercício do controle de uma empresa sobre outra, ou mesmo para a formação de coligações. Com isso, estar-se-ia apenas excluindo da apreciação jurídica um sem-número de situações que inevitavelmente continuariam a ocorrer na prática. Por esse motivo, é pertinente a crítica de que os grupos de base pessoal também deveriam ter sido considerados.

Já no que diz respeito à distinção entre grupos de subordinação e grupos de coordenação a lei brasileira claramente prevê as duas espécies, tratando-se dos grupos de direito. Ressalte-se que os grupos de coordenação, para alguns,[32] são disciplinados no capítulo referente aos consórcios que, por sua vez, para outros autores[33] nem mesmo são grupos de sociedades.

30 Nesses termos, parece importante destacar que sociedades cujo único vínculo seja o controle exercido pela mesma pessoa física não formam um grupo de sociedades no regime da Lei das S.A.

31 Os grupos societários..., cit., p. 93.

32 Comparato, por exemplo.

33 Jorge Lobo, por exemplo.

Essa divergência doutrinária é fundamentalmente fruto de visões diferentes da noção de grupo de coordenação, como será visto a seguir.

Para aqueles que entendem que, havendo relações de controle, e não de simples coligação ou associação, não é possível falar em coordenação, mas tão-somente em subordinação, o Capítulo XXI, ao dirigir-se aos grupos formados por uma sociedade *controladora* e suas *controladas,* disciplina somente os grupos de subordinação, restando ao Capítulo XXII, referente aos consórcios, tratar dos grupos de coordenação.[34]

Já para aqueles que vêem nas relações de associação não a formação de um grupo, mas um processo cooperativo entre empresas de todo distinto dos processos de concentração formadores, estes, sim, dos grupos de sociedades, não faz sentido tratar os consórcios como grupos de sociedade.[35]

Os grupos de coordenação, para essa segunda corrente doutrinária, seriam formados por meio de relações de controle, assim como os grupos de subordinação. A diferença entre ambos os tipos residiria na forma como o controle é exercido no seio do grupo, e, "quando a controladora exerce, de forma incontrastável, o poder de mando e de domínio sobre suas controladas, imprimindo uma direção unitária através de diretrizes e ordens de interesse do grupo como um todo homogêneo e harmônico",[36] estar-se-ia diante de um grupo de subordinação, e, "quando as empresas permanecem independentes embora submetidas à direção de um superórgão controlador-supervisor-diretor, formado por representantes das sociedades agrupadas",[37] o grupo seria um grupo de coordenação.

No que tange aos processos cooperativos, a independência e autonomia das empresas seriam totais, uma vez que continuariam a gerir seus negócios exclusivamente nos seus interesses sem previsão da possibilidade de subordinação a qualquer outro, justamente porque nesse caso não haveria outro interesse superior capaz de suplantar o interesse social.

Mesmo sem apreciar o mérito dessa questão, o que demandaria um estudo muito detalhado que foge ao escopo deste trabalho, é possível constatar que a afirmação feita anteriormente, de que a lei brasileira reconhece tanto

[34] Comparato. Os grupos societários..., cit., p. 98.

[35] Jorge Lobo, Direito..., cit., p. 104.

[36] Idem, ibidem.

[37] Idem, p. 104.

os grupos de coordenação quanto os grupos de subordinação, mantém-se independentemente da posição adotada.

Assim, tem-se que, adotada a primeira posição, a expressa previsão dos consórcios, que são inclusive disciplinados em capítulo próprio, garante a incorporação da dicotomia entre grupos de subordinação e grupos de coordenação pela legislação societária brasileira.

Da mesma forma, adotada a segunda posição, os grupos de coordenação também têm lugar na Lei das S.A., em vista da expressa existência de alguma margem de liberdade no que tange ao conteúdo da convenção grupal[38] a esse respeito. Essa possibilidade poderia ainda ser defendia mesmo com fundamento no princípio da liberdade contratual, vigente no direito pátrio.

Corroborando esse entendimento, tem-se que, ao tratar dos grupos de direito, a dicção expressa do § 1.º do art. 265[39] traz a possibilidade de que o exercício do controle por parte da sociedade controladora se dê tanto de modo direto como indireto, é dizer, seja como titular de direitos de sócio, seja mediante acordo com outros acionistas, desde que tal controle tenha caráter permanente.[40] É dizer, há previsão no Capítulo XXI de que o controle seja exercido de forma conjunta e, portanto, em alguma medida, coordenada, tendo-se em vista o sentido "participativo" dado ao termo pela segunda corrente.

Tem-se, portanto, que existem claramente definidos na Lei 6.404/1976, por trás do conceito de grupo, ao menos três tipos distintos de grupos de sociedade, a saber: (i) os grupos de fato; (ii) os grupos de direito de subordinação; e (iii) os grupos de coordenação, podendo estes últimos, por sua vez, confundir-se ou não com a figura dos consórcios, dependendo da noção de coordenação adotada. Além disso, tem-se também que tais grupos formam-se tanto com base em participações societárias quanto por meio de contrato.

---

[38] De acordo com o art. 266, a coordenação ou subordinação dos administradores das sociedades filiadas deverá ser estabelecida na convenção do grupo.

[39] "Art. 265. A sociedade controladora, ou de comando do grupo, deve ser brasileira, e exercer direta ou indiretamente, e de modo permanente, o controle das sociedades filiadas, como titular de direitos de sócio ou acionista, ou mediante acordo com outros sócios ou acionistas."

[40] A exigência quanto à permanência feita aqui repete a exigência feita no art. 116, que disciplina o acionista controlador no âmbito da sociedade isolada, e no art. 243 que cuida das sociedades controladoras, controladas e coligadas que não constituem grupo de sociedade.

1.2.3 A instrumentalidade do conceito da legislação societária

1.2.3.1 Incompatibilidades

a) A visão econômica de grupo

Pelo que foi brevemente exposto até o momento, percebe-se que o cerne da disciplina dos grupos na lei societária brasileira consiste na distinção entre os grupos de fato e os grupos de direito. Não obstante o legislador não desconhecesse, é claro, a possibilidade de existência dos grupos de societários de fato, ele elegeu os grupos de direito, formados por meio da convenção grupal, para receber tratamento específico enquanto grupo.

O papel da convenção grupal no regime pátrio é, portanto, central. A convenção, além de essencial para a formação do grupo e sua posterior submissão a regime específico, desempenha ainda um papel fundamental durante a vida deste, estabelecendo, por exemplo, direitos e deveres das partes que convencionam.[41]

Parece óbvio que poucas coisas poderiam ser mais destoantes da realidade econômica do que essa distinção entre grupos de fato e grupos de direito. Realmente, a inserção de um elemento convencional no conceito de grupos, assim como o baixo preço da concentração no direito societário como um todo, são reflexos da irrealidade das formas desse ramo do direito pátrio. É dizer, são produtos de uma legislação que está à margem da realidade que visa a disciplinar.

Essa constatação não requer muitas explicações para se manter.

Com efeito, no que tange ao alto preço da concentração, viu-se no início que ele é fruto de uma legislação que, na década de 70, procurou favorecer a formação de grandes empresas, atendendo às necessidades daquele momento histórico. Ocorre que, hoje em dia, essa legislação se aplica a um mercado em que essas grandes empresas já existem, e tendem a se unir para ficar cada vez maiores e capazes de enfrentar a competição das gigantes multinacionais, de sorte que os objetivos primordiais que deveriam ser buscados por tal tipo de legislação atualmente são diversos dos que a Lei 6.404/1976 procura atender.[42]

---

[41] A convenção, além de obrigatoriamente versar sobre matérias fundamentais ao desenvolvimento e à formação do grupo, como a estrutura administrativa, o prazo de duração e condições de admissibilidade (art. 269), serve ainda de parâmetro para determinar as hipóteses em que é viável a imposição do interesse do grupo ou de outra sociedade aos sócios minoritários de determinada companhia (art. 276).

[42] Nesse sentido, pode-se citar como um dos grandes problemas que atualmente se apresentam ao direito societário a necessidade de fortalecer o mercado de

Também no que diz respeito à distinção entre grupos de fato e de direito, a explicação é simples, posto que a não-regulação jurídica de uma parte da realidade é intrínseca a esse tipo de distinção, que costuma deixar à margem de dada disciplina legal aquilo que é "de fato", dispondo apenas acerca daquilo que é "de direito". Normalmente, a existência de proteção legal para determinada forma (de direito) e inexistência para a outra (de fato) é concebida de modo a compelir a adoção da primeira em detrimento da segunda, o que acaba fazendo que haja uma correspondência entre o que a lei determina e a prática social. No caso específico da distinção em tela, esse resultado não foi obtido, as empresas têm preferido evitar o regime legal dos grupos de direito, o que fica evidente diante dos números relativos aos grupos de direito registrados até o presente momento.[43] O regime jurídico dos grupos de sociedade no direito brasileiro é marcado assim por sua ineficácia.

O descompasso entre a disciplina jurídica dos grupos e a realidade econômica, fruto da adoção da distinção de grupos de fato e grupos de direito pela Lei 6.404/1976, faz com que o direito concorrencial precise se posicionar de maneira diferente no que diz respeito à adoção da classificação entre grupos de fato e grupos de direito.

A noção estrita de grupos de sociedade de direito adotada pela Lei 6.404/1976, baseada, em última instância, na vontade das sociedades que decidem se inter-relacionar, apesar de poder ser justificada no âmbito societário[44] enquanto ramo do direito privado, para o qual a preservação da vontade dos acionistas constitui-se em um objetivo a ser alcançado, não pode prosperar para os fins de uma análise concorrencial, de evidente interesse público.

Ora, é patente o absurdo de se cogitar que a tutela da concorrência tome a vontade das partes interessadas como elemento a ser considerado para a sua efetivação. A importação do conceito de grupos de sociedade do direito societário pátrio para o âmbito da análise antitruste representaria exatamente a concretização desse absurdo, na medida em que é inerente ao conceito societário de grupo de sociedades a visão da vontade das partes como fator determinante.

Esse é um dos motivos pelos quais as afirmações de que as operações que ocorrem envolvendo sociedades que participam de um grupo de socie-

capitais e torná-lo um investimento atrativo à poupança popular, providência que obrigatoriamente passa por uma maior proteção aos acionistas minoritários.

43 Tem-se notícia de apenas dois grupos formados de acordo com o regime legal dos grupos de direito no Brasil. Um deles seria o grupo Itaú.

44 Cumpre notar que mesmo entre os comercialistas essa distinção entre grupos de fato e de direito não raro é bastante criticada.

dade não representam nenhum interesse concorrencial devem ser recebidas com cautela. De um lado, é preciso saber exatamente qual o conceito de grupo de sociedade por trás dessa proposição. De outro, há que considerar que, sendo esse conceito o de grupos de sociedade do direito societário brasileiro, afirmações nesse sentido representam, em última instância, a outorga aos particulares de um direito de opção pela sua sujeição ou não às normas relativas à concorrência.

Conforme se depreende das explicações de Alfredo Lamy Filho e José Luiz Bulhões Pedreira,[45] a opção por um conceito estrito de grupo societário baseia-se na previsão de regimes diferenciados para as hipóteses em que, de um lado, as sociedades simplesmente mantêm relações societárias, disciplinadas enquanto relações estabelecidas entre sociedades isoladas, e para as hipóteses em que, de outro lado, as sociedades convencionam constituir um grupo com disciplina própria.

Essa diferença de regimes, já bastante criticada no âmbito do direito societário é, entretanto, completamente inaceitável e carecedora de sentido pelo prisma do direito antitruste.

Há que se atentar para o fato de que, em termos concorrenciais, a simples constatação de que dadas sociedades estão submetidas ao regime dos grupos, ou ao regime das sociedades isoladas estabelecido no âmbito do direito societário, não produz grandes conseqüências, se em ambas as situações as sociedades envolvidas realizam operações que possam prejudicar a concorrência.

A análise concorrencial foca-se na existência ou não de relação intersocietária, na verificação do grau em que tal relação se dá, e em seus possíveis efeitos para a competição no mercado, independentemente do regime ao qual a relação está submetida.

Significativa para o direito da concorrência é a existência de uma relação intersociedades. Por isso, o enfoque a ser dado pelo direito concorrencial deve privilegiar o conceito econômico de grupo de sociedade, que considera justamente a existência ou não da prática de relações intersocietárias que de alguma maneira vinculam sob uma direção comum duas ou mais socieda-

---

45 Os próprios autores do Anteprojeto de Lei das S.A. ressaltam na exposição de motivos que "o Anteprojeto distingue duas espécies de relacionamento entre sociedades, quais sejam: (a) sociedades coligadas, controladoras e controladas que mantêm entre si relações societárias segundo o regime legal das sociedades isoladas e não se organizam em conjunto; (b) sociedades controladoras e controladas, que, por convenção, levada ao Registro de Comércio, passem a constituir grupo societário, com disciplina própria".

des, deixando de lado a distinção, pouco útil nesse sentido, feita no âmbito societário entre grupos de fato e grupos de direito.

b) O consórcio e o desinteresse do direito societário pelos processos associativos

Na esteira dessa constatação da importância da visão econômica de grupo para os fins do direito concorrencial e com o intuito de ratificar as incompatibilidades entre o enfoque societário e o enfoque concorrencial dado ao mesmo fenômeno, parece relevante trazer à baila a discussão em torno da natureza da figura do consórcio.

Conforme exposto anteriormente por meio das posições contrárias de Comparato e Jorge Lobo, não existe consenso acerca da caracterização dos consórcios enquanto grupos de sociedades. A posição encampada por Jorge Lobo baseia-se em uma distinção entre processos concentrativos e processos associativos para enquadrar os grupos de sociedades como espécies do primeiro gênero de processos e os consórcios como exemplos do segundo. Essa dicotomia, aparentemente muito relacionada aos aspectos concorrenciais das relações entre sociedades, já não é considerada por Comparato, que prefere traçar a distinção entre grupos de subordinação e grupos de coordenação com base na existência ou não de relações de controle.

No âmbito da análise dos limites da utilidade da aplicação de conceitos extraídos de um ramo do direito para a solução de problemas que surgem no seio de outro, curioso perceber que, no que tange à distinção emprestada do direito concorrencial entre associação e concentração, os autores divergem essencialmente apenas sobre sua pertinência para questão discutida.

Com efeito, nada obsta que se afirme que os grupos de coordenação, tal como propostos por Comparato, são exemplos de processos associativos, distintos dos grupos de subordinação, processos concentrativos. A idéia de Comparato não é por si só incompatível com a distinção entre ambos os tipos de processos de que lança mão Jorge Lobo para defender tese oposta. O que realmente opõe os dois autores é a relevância atribuída a tal distinção: para Jorge Lobo, ela é suficiente para excluir os consórcios, enquanto processos associativos, da disciplina dos grupos; já para Comparato, não.

Jorge Lobo elege a noção de concentração, conceito-chave do direito antitruste, como um critério que compõe sua visão da definição de grupos de sociedades em contraposição a outras formas de agrupamentos entre empresas também reguladas pela Lei das S.A. Por seu turno, Comparato atém-se às noções de controle e de coligação, conceitos-chave do direito societário, para distinguir entre os tipos de grupos de sociedades sem, contudo, excluir nenhuma forma de agrupamento da sua interpretação da definição de grupo constante na Lei 6.404/1976, com base nas noções de coordenação e concentração.[46]

Chamo a atenção para esse ponto, não para discuti-lo a fundo, nem, tampouco, apenas para destacar a sutileza do argumento por trás das posições que ainda dividem a doutrina especializada. O objetivo é exemplificar uma tendência verificada em parte do direito societário, consistente em segregar a regulação de "agrupamentos" que envolvem a cooperação entre empresas, com base na visão de que eles seriam incapazes de gerar qualquer efeito na sua estrutura empresarial interna e produziriam efeitos apenas externamente.[47]

Embora nenhum dos autores firme posição nesse sentido, o espaço para a valoração das noções de associação e concentração que permeia essa divergência doutrinária é o ponto de partida dessa tendência, que acaba por segregar os "grupos societários por excelência" dos meros consórcios e demais processos associativos.

De acordo com essa visão, na medida em que o direito societário deve concentrar-se apenas nas questões que repercutam no interior da sociedade, deve

[46] Comparato acaba excluindo outras formas de agrupamento em sua interpretação, tais como os grupos de base exclusivamente pessoal, e os grupos que não envolvam sociedades anônimas por entender que a lei não se aplica a esses tipos de agrupamento. Essas exclusões, sobretudo a segunda, são em grande medida o motor de sua defesa de uma disciplina dos grupos de sociedades autônoma e geral.

[47] De acordo com José Miguel Embid Irujo: "Cabría afirmar, en este momento, que son dos los principio caracterizadores de las diversas formas de unión de sociedades: el principio de cooperación y el principio de concentración. Las uniones basadas en un principio de cooperación se llevan a cabo de un modo paritario y expresan la inexistencia de relaciones de control o de dominación entre las sociedades que se unen. El relieve de tales agrupaciones para el Derecho de sociedades o, dicho de otra manera, la posibilidad de forzar o distorsionar su contenido a la unión formada es, en nuestra opinion, mínima; las sociedades unidas se verán obligadas a coordinar, por regla general, algunos sectores de su actividad externa sin que ello altere significativamente el juego de las instituciones societarias configuradas en el ordenamiento jurídico. [...] Las uniones basadas en un principio de cooperación no alteran sustancialmente estas ideas, entre otras cosas, porque no se pierde la independencia económica de las sociedades unidas y no se constituye una nueva forma de empresa subyacente a la diversidad jurídica representada por las distintas sociedades. Tal unión de sociedades tendrá consecuencias jurídicas importantes en otros sectores del ordenamiento mercantil, como el Derecho de la competencia, a la vista de las posibles restricciones de la concurrencia económica derivada de la armonización del comportamiento y el mercado que, mayor o menor medida, trae consigo la unión" (El derecho..., cit., p. 6).

voltar-se para a regulação das relações intersocietárias que obedeçam a um viés de concentração, capazes de afetar a estrutura das sociedades e renegar a segundo plano as relações que se dêem sob um princípio de coordenação, supostamente incapazes de produzir qualquer efeito sobre os órgãos da sociedade isolada.[48]

Ainda que a referida tendência seja alvo de muitas discussões no âmbito do direito societário, independentemente das suas conseqüências para o direito concorrencial, a afirmação de que o direito antitruste, ao tratar do fenômeno dos grupos de sociedade, deve procurar desvincular-se dela prescinde de grandes divagações. Afinal, a própria motivação do não-interesse do direito societário pelos "agrupamentos" que envolvam apenas a cooperação[49] entre empresas passa pela alegação de que esse tipo de relação interessa apenas ao direito antitruste.

Eis então mais um foco de descompasso entre direito societário e direito da concorrência.

---

48 A pertinência da premissa do raciocínio, contudo, não garante a correção da conclusão. A fragilidade da total separação entre efeitos internos e externos norteadora da referida tendência é o principal motivo desse equívoco. Essa questão complexa, que mereceria um estudo dedicado exclusivamente a analisá-la, é recorrente em trabalhos voltados ao tratamento das relações entre sociedades e as diversas formas que pode assumir na prática. Apenas a título de ilustração, vale a pena transcrever um pequeno trecho escrito por Franco di Sabato a respeito da relação entre grupos de sociedade e concentração no direito italiano que deixa claro toda a preocupação do autor em fazer ressalvas aos termos em que distinção clássica entre atividade e estrutura costuma ser colocada: "Secondo una prima classificazione, di derivazione comunitaria, potrebbero distinguersi fenomeni che attengono a comportamenti fra imprese e che esauriscono la loro rilevanza nell'attività oggettivamente considerata, e quelli che incidono invece sulla struttura, sulle dimensioni o sulla organizzazione delle imprese. [Contudo] se per convenzione si possono definire intese quelle che incidono soltanto sull'attività, non sarebbe corretto omettere di considerare che talune pratiche attinenti alla struttura possono esercitare la loro influenza anche sull'attività; e, così, specifici comportamenti di un'impresa dominante possono concretarsi in un'unione fra imprese. [Isso porque], l'intervento sulla struttura può anche configurarsi come strumentale all'esercizio di un'influenza sull'attività nei confronti dei terzi: si pensi alla scalata di un'impresa industriale, in un'impresa fornitrice di materie prime, destinata ad influenzare i rapporti di fornitura con i concorrenti della prima [...]" (Concentrazioni e gruppi nel diritto interno. *Il fenomeno delle concentrazioni di imprese nel diritto interno e internazionale*. Padova: Cedam, 1989. p. 3-4).

49 Conforme se verá mais adiante, a cooperação fruto de vínculos estruturais deve, assim como as concentrações, ser objeto de controle das estruturas, feito pelo Cade com base no art. 54.

2.1.3.2 Elementos úteis

Isso posto, pode-se passar à afirmação segundo a qual classificações que levam em conta a existência de grupos de base societária ou financeira, grupos de base contratual e grupos de base pessoal, bem como existência de grupos de subordinação em contraposição a grupos de coordenação, ao contrário do que foi verificado com relação à distinção entre grupos de fato e grupos de direito (paralela e em grande medida coincidente com a diferenciação operada entre o modelo orgânico e o modelo contratual), não obstante as incompatibilidades apontadas, revelam-se bastante instrumentais para os fins de uma análise antitruste. É que ambas fornecem elementos para a identificação da maneira e da intensidade pela qual as sociedades de determinado grupo estão vinculadas.

No caso da classificação dos grupos de sociedade em grupos de base contratual, grupos de base pessoal e grupos de base societária ou financeira, é dado enfoque ao tipo de vínculo estabelecido entre as sociedades agrupadas. Desta feita, tem-se a distinção entre as hipóteses em que o referido vínculo se dá mediante a participação acionária de uma companhia na outra, as hipóteses em que o vínculo é estritamente pessoal, e as hipóteses em que o vínculo é estabelecido por meio de um contrato que subordine uma ou mais empresas ao domínio de outra.

No que tange ao último tipo, das relações de base contratual, cumpre destacar que o contrato existente poderia ainda ser, a princípio, tanto um contrato específico de empresas celebrado especificamente para esse fim como um contrato comum que estabeleça direitos de exclusividade ou de crédito, por exemplo, capaz de ter, ainda que em caráter secundário, o mesmo efeito de subordinar uma empresa às exigências de outra.

A classificação dos grupos de sociedade em grupos de coordenação e grupos de subordinação também é útil para uma análise concorrencial das operações internas aos grupos societários. Ela funda-se na percepção importante de que a associação de empresas pode dar-se tanto seguindo um viés de coordenação quanto obedecendo a um viés de subordinação.

O já mencionado embate doutrinário acerca do tema nos remete, na realidade, à existência de pelo menos três maneiras distintas pelas quais as empresas podem relacionar-se no que tange à subordinação ou à coordenação, independentemente do nome que se pretende dar a elas.

Nas hipóteses de prevalência do viés de subordinação, Jorge Lobo explica que "a controladora exerce, de forma incontrastável, o poder de mando e de domínio sobre suas controladas, imprimindo uma direção unitária através de diretrizes e ordens de interesse do grupo como um todo homogêneo e harmônico".[50] Desse modo, tem-se que o controle no âmbito dos grupos em que prevalece a subordinação é exercido de forma vertical e unilateral por uma empresa que domina todas as demais empresas do grupo, e que tem o poder de decidir, também de forma vertical e unilateral, os interesses grupais a fim de a eles subordinarem os interesses das demais companhias.

Por sua vez, nos casos em que, ainda no âmbito das relações de controle, novamente nas palavras de Jorge Lobo, "as empresas permanecem independentes embora submetidas à direção de um super-órgão controlador-supervisor-diretor, formado por representantes das diversas sociedades agrupadas",[51] não se poderia falar em subordinação com a mesma convicção com que o termo foi usado para relatar a primeira situação descrita. Nessas hipóteses, o controle do grupo deixa de ter caráter unilateral e vertical para ganhar ares de um controle negociado, em que há claramente a possibilidade de as empresas influenciarem as decisões uma das outras mutuamente, dependendo do arranjo de interesses em torno de determinada questão. Daí poder falar, em alguma medida, de um viés de coordenação.

Por último, haveria o caso dos grupos de coordenação por excelência, no âmbito dos quais não caberia falar em controle, mas apenas em coligação ou associação. Trata-se, como é possível ver, de uma abordagem gradativa[52] da questão, que se baseia na possibilidade e na medida da participação das sociedades no controle do grupo para distinguir entre várias formas de relação entre sociedades.

1.3 A insuficiência do direito societário

A verificação, de um lado, das incompatibilidades e, de outro, dos elementos úteis da disciplina da Lei 6.404/1976 dos grupos de sociedade para o direito concorrencial leva à constatação, em grande medida óbvia, de que, indubitavelmente, o enfoque concorrencial dado à questão dos grupos não pode vincular-se às peculiaridades constatadas no âmbito da análise societária.

O interesse do direito da concorrência pelas operações envolvendo sociedades de alguma forma vinculadas não deve guiar-se pelas hipóteses disciplinadas pelo direito societário enquanto grupos de sociedades. Há uma

50 Jorge Lobo, Direito..., cit., p. 104.

51 Jorge Lobo, Direito..., cit., p. 104.

52 É claro que esse critério quantitativo precisa ser melhor precisado para não se tornar qualitativo.

diferença de escopos entre o direito societário e o direito concorrencial que parece justificar a existência de pelo menos duas noções distintas de grupos de sociedade: o grupo de sociedade para o direito societário e o grupo de sociedade para o direito concorrencial.

Essa diferença de escopos vem à tona naturalmente quando se consideram as incompatibilidades mencionadas no item anterior. Tanto no que tange à questão da falta de sentido econômico da distinção entre grupos de fato e grupos de direito quanto no que diz respeito à atribuição de pouco interesse pelas operações de mera associação entre empresas por parte do direito societário, fica clara a diferença de objetivos e interesses a serem protegidos pelos dois ramos do direito em tela.

No caso da primeira incompatibilidade levantada fica explícita a importância que o direito societário atribui à manifestação de vontade dos acionistas na formação de um grupo, ao reconhecer sua formação oficial apenas diante da celebração de uma convenção grupal. Esse relevo dado à expressão da vontade dos acionistas, em detrimento da realidade econômica dos grupos, denota que o foco da proteção do direito societário são os interesses dos acionistas minoritários e dos credores. Ao contrário do direito concorrencial que se preocupa em defender os interesses de consumidores e concorrentes por meio da garantia da manutenção do bom funcionamento do mercado.

No que concerne à pouca atenção dedicada por parte da doutrina e da legislação societária às relações de associação entre empresas, fica evidente que, se de um lado o direito antitruste se volta à proteção do mercado, por meio da punição de abusos de poder econômico, de outro o direito societário se dedica a encontrar a melhor solução para o ajuste dos diversos interesses conflitante no interior da sociedade.[53]

Essa diversidade de interesses protegidos explica por que o enfoque dado pelo direito da concorrência à questão do vínculo entre empresas constrói-se a partir de um ponto de vista que pode se dizer econômico ou orgânico, em contraposição ao prisma societário, que, no Brasil, segue uma linha mais contratual (controle externo) e societária (controle interno).

---

[53] Essa diferença de escopos foi muito bem resumida por Calixto Salomão Filho, que coloca a questão nos seguintes termos: "Distinção fundamental é que, enquanto a preocupação do direito societário é com a determinação dos interesses estranhos aos interesses da sociedade (*v.g.* aqueles pessoais do controlador) dos destinos do patrimônio social, o direito concorrencial, ao se defrontar com o mesmo objeto, tem como preocupação a manutenção de estruturas de mercado (concorrência) consideradas desejáveis do ponto de vista econômico" (*Direito concorrencial...*, cit., p. 253).

O direito concorrencial procura referir-se às relações em que haja vínculo entre empresas mediante noções mais amplas, como as noções de influência dominante e influência relevante, do que a noção societária de poder de controle adotada pela legislação brasileira. Isso porque a análise dos vínculos, no caso do direito antitruste, visa a identificar a existência de poder capaz de influenciar a atuação de determinada empresa no mercado, e não verificar, como ocorre no caso do poder societário, um poder sobre a gestão do patrimônio da sociedade com o intuito de proteger o interesse de acionistas e credores sobre o seu investimento.[54]

O direito concorrencial deve procurar abarcar hipóteses de controle intersocietário e de relações de coligação entre sociedades capazes de gerar efeitos para a concorrência. Para tanto, deve basear-se na verificação da capacidade real de um agente interferir na atuação de outro agente no mercado, centrando, portanto, sua análise na questão do poder econômico.

O produto dessa existência de dois enfoques distintos é o desenvolvimento de conceitos diferentes de grupos de sociedades para os dois ramos do direito, fruto dos interesses peculiares que direito concorrencial e direito societário apresentam acerca do fenômeno de cooperação e concentração de empresas.

É no contexto mais amplo da análise da realidade econômica, que acaba de ser introduzido em contraste com o conceito de grupo de sociedade do direito societário, que surge mais claramente a importância da análise concorrencial de algumas hipóteses de reestruturação societária, análise esta que se insere na tentativa de dar realidade às formas do direito brasileiro.

Nestes termos, a afirmação de que as reestruturações societárias não apresentam nenhum interesse concorrencial merece alguma reflexão.

[54] Calixto Salomão, *Direito concorrencial...*, cit., p. 255.

PARTE II

DIREITO CONCORRENCIAL E A QUESTÃO DA REESTRUTURAÇÃO SOCIETÁRIA

2.1 Análise concorrencial das reestruturações societárias: a visão do Cade[55]

A postura do Cade com relação à análise concorrencial das reestruturações societárias será tratada a partir de duas perspectivas diferentes nesta parte do trabalho. Primeiramente, o exame da jurisprudência do Conselho será feito por uma perspectiva analítica, visando a esclarecer como o Cade se posicionou ao longo do tempo relativamente aos principais aspectos da matéria. Em um segundo momento, o foco será o estabelecimento de um panorama geral da jurisprudência, tendo em conta uma análise de cunho mais histórico.

2.1.1 Principais aspectos

A abordagem inicial da jurisprudência do Cade sobre reestruturações societárias se dará, portanto, mediante a análise do posicionamento do Conselho sobre pontos específicos da matéria. Para tanto, foram selecionados os pontos considerados mais relevantes no debate sobre o tema: noção de grupos de sociedade na jurisprudência do Cade; o uso feito das noções de reestruturação e reorganização societária; os critérios de identificação de reestruturações societárias; as noções de concentração, influência dominante e influência relevante; e a questão relativa ao conhecimento de reestruturações societárias. Cada um desses pontos representa um dos diversos aspectos da questão da análise concorrencial de reestruturações societárias e será útil para um exame mais geral da jurisprudência do Cade na tentativa de identificar as diversas correntes que nela predominaram ao longo do tempo.

---

[55] O método utilizado na pesquisa da jurisprudência aqui apresentada variou conforme a acessibilidade das decisões. Em parte das situações, fiz o resgate dos votos na medida em que deles tomava conhecimento por meio de citações em outros votos. Esse foi o caso sobretudo do período que vai de 1994 a 2000. Nos anos seguintes, analisei também ementários e anuários do Cade à busca de decisões pertinentes à pesquisa. Os resultados dessa pesquisa estão organizados em uma tabela (anexo), que pode auxiliar na identificação dos casos doravante citados.

2.1.1.1 A noção de grupos de sociedade na jurisprudência do Cade

Uma das poucas unanimidades encontradas nas decisões do Conselho analisadas diz respeito à noção de grupo de sociedade que deve ser adotada pelo Cade ao decidir questões envolvendo reestruturações societárias. Com efeito, sempre que suscitada a questão, o Conselho apontou para a necessidade de identificação do grupo econômico envolvido na operação que estivesse sendo analisada, de maneira que este não é um tema objeto de muitos debates, ou que atraia a atenção do Cade.

Esse consenso em torno da noção econômica de grupo, ao mesmo tempo em que pode ser explicado pela existência de um entendimento consolidado acerca do papel do Cade e dos objetivos da lei antitruste em sede da análise de atos de concentração, também é claramente uma decorrência do tipo de operações que costumam ser levadas ao conhecimento do SBDC. É que, devido a já mencionada inefetividade do regime dos grupos de sociedade estabelecido pelo direito societário brasileiro, os casos de reestruturação societária decididos pelo Cade recaem necessariamente sobre hipóteses que envolvem sociedades coligadas, controladoras e controladas, ou grupos societários constituídos de acordo com leis estrangeiras, de maneira que nunca foi necessário recorrer ao regime societário brasileiro dos grupos de direito na análise de reestruturações societárias.[56]

O problema é que essa noção de grupo econômico abarca uma série de realidades que nem sempre são levadas em conta no momento da decisão. Assim, no mais das vezes, a jurisprudência do Cade utiliza a expressão como se ela fizesse referência a um fenômeno homogêneo, quando na verdade cada grupo obedece a sua própria dinâmica de relações de subordinação e coordenação.

Essa carência de uma análise mais profunda, que leve em conta, por exemplo, algumas das noções de direito societário tratadas na Parte I, é a base de algumas incoerências encontradas na jurisprudência do Conselho. Isso fica claro quando se analisa a maneira pela qual o Cade vem decidindo os demais aspectos da matéria ao longo dos anos.

2.1.1.2 O uso feito das noções de reestruturação e reorganização societária

Durante boa parte de sua história após a edição da Lei 8.884/1994, o Cade vem se utilizando das expressões reestruturação societária e reorganização societária como se fossem sinônimos. A grande exceção a essa

[56] Por certo, outros elementos da Lei 6.404/1976, que fornecem informações relevantes ao direito concorrencial sobre as estruturas societárias, são bastante utilizados, como a noção de acordo de acionistas, poder de controle, etc.

regra é o período entre o segundo semestre de 2002 e o final de 2003, em que são esboçadas as primeiras tentativas de se estabelecer as diferenças entre reorganização e reestruturação. Essas tentativas, contudo, não lograram estabelecer consenso no Conselho em torno dessas definições, o que explica por que ambas as expressões seguem usadas como sinônimos até meados de 2006.

De fato, em quase toda a jurisprudência do Cade, é bastante comum encontrar decisões em que as expressões são empregadas indistintamente. Por vezes, os próprios conselheiros assim o reconhecem, como é o caso do Conselheiro Roberto Pfeiffer, em voto proferido em novembro de 2003:

> "Da análise da extensa jurisprudência do Cade, pode-se observar que os termos reestruturação societária e reorganização societária têm sido utilizados indistintamente, como se sinônimos fossem" (AC 53500.006612/2002 – caso Telepar).

São vários os casos análogos a essa situação. Na mesma oportunidade, o referido Conselheiro cita como exemplos dessa inconsistência conceitual um voto seu proferido no AC 08012.001158/2001-69 (caso Unifi) e um voto da Conselheira Lucia Helena Salgado no AC 08012.08448/97-12 (caso TAM). A esses muitos outros poderiam juntar-se,[57] dentre os quais destacam-se alguns, apenas a título de ilustração:

> "Por se tratar de mera reestruturação societária da CBP – que não implica, aliás, modificação efetiva do controle, dado que a Unigel já detinha 50% das ações antes da operação – o ato não provoca qualquer alteração na estrutura do mercado [...]. Reiterando, na medida em que não passa de reorganização societária com alteração da titularidade do capital social da empresa em questão [...] o ato não implica concentração alguma nem traz qualquer efeito sobre a estrutura do mercado" (AC 177/97 – caso Unigel – Cons. Marcelo Calliari).
>
> "Este Conselho tem reiteradamente manifestado-se pelo não conhecimento de Atos de Concentração que envolvam reestruturação societária entre empresas do mesmo grupo econômico. [...] Resta portanto, com base nas citadas jurisprudências, o entendimento pacífico desse conselho que os atos que envolvam reorganização societária

[57] Apenas para listar alguns: AC 135/097, AC 08012.08448/97-02, AC 08012.009887/98-61, AC 08012.010081/98-15, AC 08012.003407/99-10, AC 08012.004809/00-66, AC 08012.007069/00-45, AC 08012.001844/00-51, AC 08012.004446/2001-75, AC 08012.006397, AC 08012.006048/2001-93.

entre empresas do mesmo grupo econômico não se enquadram nas hipóteses previstas no art. 54 da Lei 8.884/94, não devendo, portanto, ser conhecidos pelo Plenário" (AC 08012.003407/99-10 – caso Dura – Cons. Lucia Helena Salgado).

Nesse quadro de imprecisão conceitual, cunham-se ainda expressões que apenas menosprezam, de forma retórica, a importância das operações que aparentam não merecer uma análise antitruste detalhada, como é claramente o caso das expressões "mera reestruturação societária" ou ainda "mera reorganização societária", ambas recorrentes nas decisões do Conselho.

Esse quadro segue praticamente inalterado até 2002, quando se nota uma reação contra esse excesso de vagueza por parte do Conselho. Começam então a surgir inúmeras tentativas de dar maior precisão aos conceitos que, entretanto, nem sempre eram compatíveis entre si. Há pelo menos três dessas tentativas que merecem destaque.

A primeira delas data do segundo semestre do ano de 2002 e encontra-se no voto de vista proferido pelo Conselheiro Ronaldo Porto Macedo no AC 08012.004774/2001, doravante referido como caso Loducca. Nessa oportunidade, tal Conselheiro procura estabelecer a distinção entre o que chama de reestruturação societária *lato sensu*, reestruturação societária *stricto sensu* e reorganização societária.

Segundo essa classificação, o conceito genérico de reestruturação societária *lato sensu* engloba todas as operações realizadas entre empresas que já possuem algum vínculo estrutural prévio. Ainda de acordo com o Conselheiro, como esse vínculo prévio que caracteriza as reestruturações societárias pode variar muito de intensidade e afetar assim o grau de independência entre as empresas vinculadas, caberia então distinguir, dentro das reestruturações societárias *lato sensu*, as hipóteses de reorganização societária das hipóteses de reestruturação societária *stricto sensu.*

As primeiras referem-se a um tipo específico de reestruturação na qual o vínculo é marcadamente forte, comprometendo a independência das empresas, conforme se vê no trecho abaixo:

> "Ou seja, é o conceito relativo às hipóteses nas quais as empresas que realizam a operação já estiverem submetidas ao mesmo poder de controle, de tal sorte que as decisões sobre política de mercado e outros setores estratégicos não sejam tomadas de uma maneira independente" (Caso Loducca – Cons. Ronaldo Macedo).

Já as segundas dizem respeito a todos os demais casos de reestruturação societária, uma vez excluídas as hipóteses de reorganização.

Uma outra forma de definição dos conceitos de reestruturação e reorganização é proposta, em novembro de 2003, pelo Conselheiro Roberto Pfeiffer no voto de vista que profere no AC 53500.006612/2002, doravante caso Telepar. Nessa ocasião, após apropriadamente colocar o problema da utilização indistinta dos termos pela jurisprudência do Cade, assim se manifesta o Conselheiro:

> "A reestruturação societária refere-se à nova disposição acionária ou societária, dentro de um mesmo grupo, *sem* a alteração de controle. Por outro lado a reorganização societária refere-se à nova disposição acionária ou societária, dentro de um mesmo grupo, *com* alteração de controle interno. Porém, em ambas, não ocorre a entrada de nenhum novo sócio" (Caso Telepar – Cons. Roberto Pfeiffer).

Essa classificação não chega, contudo, a ser sustentada por muito tempo nem mesmo pelo Conselheiro Pfeiffer. A reação contra ela é rápida. Apenas um mês depois, em dezembro de 2003, o Conselheiro Fernando Marques apresenta uma terceira forma de definir reestruturação e reorganização, em resposta à classificação proposta pelo Conselheiro Roberto Pfeiffer. De acordo com o que expôs no AC 08012.006267/2003-34 (caso Bica de Pedra), o Conselheiro sinaliza a existência de três hipóteses: reorganização societária, reestruturação societária sem alteração de controle e reestruturação societária com alteração de controle.

A primeira ocorre dentro de um mesmo grupo, e as demais envolvem empresas que pertencem a grupos distintos. Nesses termos, o Conselheiro entende que a hipótese relativa à entrada de um novo sócio pertencente a outro grupo trata-se de uma reestruturação societária. Para ele o cerne da distinção entre reorganização e reestruturação reside no fato de que, tratando-se de reorganização societária, o controle não pode sofrer alterações:

> "[...] haja vista que continuará a pertencer a um mesmo Grupo que exerce o controle direto ou indireto na empresa em questão por meio de uma empresa-mãe" (Caso Bica de Pedra – Cons. Fernando Marques).

Por outro lado, ainda de acordo com o Conselheiro, cuidando-se de reestruturação societária, a impossibilidade de alteração não pode ser afirmada peremptoriamente, já que o controle pode sofrer modificações quando a mudança societária e acionária ocorrer entre duas empresas que não são controladas pela mesma empresa-mãe.

Infelizmente, essa discussão não resistiu às mudanças no Conselho e foi, aos poucos, perdendo espaço sem que um consenso em torno do tema tivesse sido estabelecido. Assim, do início de 2004 até meados de 2006, essa questão terminológica não costuma ser abordada nos votos. Pelo contrário, nota-se que a expressão reestruturação societária passa a ser utilizada com maior freqüência para designar indistintamente as operações envolvendo empresas com algum tipo de vínculo anterior.

Uma exceção a essa regra geral é o caso Milenia (AC 08012.011220/2005-54), decidido em março de 2006, em que a distinção entre reorganização e reestruturação societária proposta pelo Conselheiro Pfeiffer no caso Telepar é explicitamente retomada pelo Conselheiro Paulo Furquim de Azevedo. Entretanto, mesmo nessa ocasião, o resgate da discussão mais ampla em que essa proposta de definição está inserida não é feito. Assim, deixa-se de mencionar que essa definição de reestruturação e reorganização societária nunca chegou de fato a ser adotada pelo plenário e destoa de grande parte da jurisprudência do Conselho sobre o tema.

2.1.1.3 *A identificação de reestruturações societárias*[58]

Tratando-se do reconhecimento do caráter de reestruturação societária nas operações apresentas ao Cade, é possível identificar nitidamente duas situações distintas. Uma delas diz respeito à apresentação de atos que se enquadram naquilo que se passa a chamar de hipótese clara de reestruturação societária aos olhos do Conselho. A outra, por sua vez, refere-se às demais hipóteses em que há dúvidas de que a operação apresentada se trate de uma reestruturação societária.

A primeira hipótese aventada, a hipótese clara, abrange apenas aquelas operações em que todas as empresas envolvidas no negócio submetem-se a um controle comum, seja direta, seja indiretamente. Em quase todos[59] os casos em que o Conselho se deparou com a apresentação de uma dada

[58] Neste trabalho, continuará sendo utilizada a expressão "reestruturação" ao se fazer referência a toda essa gama de operações, cuja apresentação e análise no SBDC ora se estuda, sem que já se tenha preocupação em bem precisar o conceito.

[59] A exceção encontrada na pesquisa realizada foi o AC 08012.002611/98-51 (caso Herbitécnica), votado em abril de 1999, em que o relator entendeu que, apesar de ambas as empresas envolvidas na operação serem indiretamente controladas por uma terceira empresa (49% e 91,41%), era necessário analisar o grau de influência que a empresa controladora exercia em ambas para saber se elas já atuavam como um único agente no mercado. Isso porque, para ele, o fato de que a empresa controladora restará com 70% do capital da empresa resultante da operação representa mudanças na estrutura da propriedade acionária e o Cade havia decidido pela impropriedade de apresentação desse tipo de operação apenas quando essa mudança não ocorre.

operação que se enquadrasse nesse tipo que acaba de ser descrito não houve dúvidas de que se estava diante de uma reestruturação societária.

Com efeito, assim se manifestou o Cade logo após a edição da Lei 8.884/1994,[60] posição que manteve, praticamente sem exceções, ao longo do tempo, como se vê nos trechos de votos proferidos em diversos momentos da história do Cade:

> "Ambas as requerentes pertencem ao Grupo Econômico Makhteshim-Agan. [...] Conforme relatado, a presente operação retrata a incorporação de empresa controlada, a Milenia, por sua controladora, a MAB [...]. Trata-se, assim, de mera reestruturação societária, ocorrida nos limites do Grupo Makhteshin-Agan" (AC 08012.011220/2005-54 – caso Milenia – Cons. Paulo Furquim de Azevedo, em março de 2006).
>
> "Trata-se de operação de unificação do Grupo Royal Dutch/Shell, formado pelas empresas Shell Transport and Trading Company Plc (doravante ST&T) e a NV Koninklijke Nederlandsche Petroleum Maatschappij [...] – doravante, RD –, criando uma única empresa [...]. A ST&T e a RD são empresas de um mesmo conglomerado econômico. Ambas são *holdings* que detêm as duas outras sociedades *holdings* [...] do Grupo Royal Dutch/Shell [...].[...] [t]rata-se apenas de mera reestruturação societária dentro de um mesmo grupo econômico" (AC 08012.009840/2004-42 – caso Shell – Cons. Luís Fernando Rigoto Vasconcellos, em janeiro de 2005).
>
> "Trata a presente operação de reestruturação societária da Enercan, onde a CPFL-G estará vendendo 26% de suas ações da Enercan às empresas CBA e CNT (ambas do grupo Votorantim). [...]
>
> A CPFL-G pertence ao grupo CPFL que também é controlado pelo grupo Votorantim [...]" (AC 08012.006066/2003-37 – caso CBA – Cons. Thompson Andrade, em janeiro de 2004).
>
> "Ato de concentração. Operação de reestruturação societária dentro do grupo AOL Time Warner, envolvendo a AT&T, a TWE outras subsidiárias da AOLTW e seus acionistas" (AC 08012.006302/2002-34 – caso AOL – Ementa de caso votado em março de 2003).
>
> "Reorganização societária ocorre quando as empresas envolvidas na operação pertencem a um mesmo grupo econômico, sob controle direto ou indireto de uma só empresa-mãe" (AC 08012.005115/200-71

[60] ACs 7 a 10/94, AC 20/94 e AC 55/95.

– caso Dow – Cons. Fernando Marques em janeiro de 2003, acompanhando entendimento do Cons. Ronaldo Macedo que havia proferido seu voto em outubro de 2002).

"Ato de concentração que trata da incorporação da Deutz do Brasil Comercial Ltda. (Deutz do Brasil) pela Klockner-Humboldt-Deutz do Brasil Ltda. do Brasil (KHD do Brasil), ambas empresas diretamente controladas pela Deutz AG, que é sociedade pertencente ao grupo alemão Deutz [...]. Reorganização societária típica. [...] Caracterizada uma operação de reorganização societária interna ao grupo de controle, segundo a definição usada reiteradamente em diversos julgados do Cade, [...] pelo qual define-se que reorganização societária seria uma transferência de controle entre detentores que, por sua vez, mantém inalterada sua relação de controle com um único grupo a que todos pertençam, situação que, necessariamente, afastaria quaisquer efeitos concorrenciais" (Ementa do AC 08012.004446/2001-75 – caso Deutz – votado em fevereiro de 2002).

"Com efeito, trata-se de simples reestruturação societária, através da qual a Mycogen incorpora empresa já pertencente ao mesmo grupo societário" (AC 08012.0007069/2001-45 – caso Mycogen – Cons. Roberto Pfeiffer, em setembro de 2001).

"Se, anteriormente à operação, as empresas já pertenciam ao mesmo grupo, não possuíam independência e o ato se apresenta como mera reorganização societária [...]" (AC 08012.000704/00-56 – caso Akros – Cons. Celso Campilongo, em agosto de 2000).

"Sendo assim, dado que o ato em tela trata apenas da transferência de ações entre subsidiárias do grupo Peres Companc, consistindo mera reestruturação societária [...]" (AC 08012.009887/98-61 – caso Innova – Cons. Ruy Santacruz, em março de 1999).

"Entendo, pois, que na operação de reorganização societária representada pela transferência de controle acionário entre empresas do mesmo grupo [...]" (AC 08012.08448/97-02 – caso TAM – Cons. Lucia Helena, em dezembro de 1998).

Já a segunda hipótese refere-se a vários tipos de operação que, quando apresentadas, levantam dúvidas quanto ao que seria uma reestruturação societária, levando o Conselho a se manifestar sobre o tema. Enquadram-se nessa hipótese operações como: consolidação da participação de uma empresa – que já era controladora – no capital social de outra; aquisição do restante das ações por empresa que não era acionista, mas que pertence ao mesmo grupo do acionista controlador; transferência de participação acionária entre sócios nas suas diversas modalidades (com e sem alteração do controle, com e sem saída de sócio); compra de apenas uma quota da participação acionária que leva ao controle completo da empresa; aquisição de parcela minoritária do capital de uma empresa por outra; aquisição de ações preferenciais; transformação de associação civil em sociedade; e operação de incorporação realizada entre empresas que já cooperavam entre si.

Diante de operações integrantes dessa segunda hipótese, o Conselho por vezes identifica a operação como reestruturação societária, por vezes afirma não se tratar a operação de reestruturação societária e outras vezes julga a operação sem se manifestar sobre a questão.

Infelizmente, não há muita coerência na adoção das três posturas acima referidas por parte do Conselho. Assim, no caso, por exemplo, da consolidação da participação de uma empresa que já era controladora no capital social de outra,[61] verifica-se que o Conselho se posicionou das três formas possíveis em momentos distintos: (i) no AC 177/97 (caso Unigel),[62] votado em junho de 1998, que tratava da aquisição do restante das ações de uma empresa por uma outra que já detinha a outra metade das ações, o Cade entendeu estar diante de uma "simples reestruturação societária"; (ii) já no AC 08012.001844/00-51 (caso Equifax),[63] votado em janeiro de 2002, envolvendo a aquisição da totalidade das quotas de emissão de uma empresa por outra que já detinha a maioria do capital social, o Cade entendeu que o caso não tratava de reorganização societária (nessa oportunidade afirmou que apenas a transferência de controle entre detentores que mantém inalterada a relação de controle com o grupo a que todos pertençam consubstancia uma reorganização societária); (iii) por fim, no AC 08012.006375/98-42 (caso Mark),[64] votado em maio de 1999, que

[61] Esse é o caso, dentre aqueles que integram a segunda hipótese, que aparece com maior freqüência no resultado da pesquisa realizada.

[62] No mesmo sentido: AC 08012.007497/2003/11 (caso Ford), AC 08012.004585/2002-80 (caso High Voltage) e AC 08012.000348/2001-69 (caso KCC), AC 08012.009178/2005-10 (caso Acesita), AC 08012.002195/2006-07 (caso Primav), AC 08012.000321/2006-81 (caso BGPAR).

[63] No mesmo sentido: AC 08012.004446/00-51 (caso Deutz), AC 08012.005037/2000-13 (caso Enron), AC 53500.000195/990 e 53500.000378/99 (caso UGB).

[64] No mesmo sentido: AC 08012.006632/2003-19 (caso SLC) e AC 08012.004491/2003 (caso Mircal) (pelo não conhecimento); AC 08012.008573/2002-4 (caso Sanmina), AC 08012.008171/2002-20 (caso Dow), AC 08012.001828/2002-28 (caso Newel), AC 08012.000434/2001-71 (caso Phelps) e AC 08012.000765/00-4 (caso BNY) (pelo conhecimento).

tratava da compra do restante das ações de duas empresas por uma terceira que já detinha a maior parte do capital social de ambas, o Conselho analisou a operação por entender que, uma vez preenchidos os requisitos do § 3.º do art. 54 da Lei 8.884/1994, a obrigação de apresentar o ato é objetiva, sem, contudo, se manifestar no sentido da caracterização ou não da operação como reestruturação societária.

Também se encontram exemplos dessa incoerência quando se trata da consolidação do controle de um dado grupo em uma empresa. Com efeito, as operações pelas quais uma empresa, que pertence ao mesmo grupo daquela que já é acionista majoritária, adquire ações de uma dada companhia por vezes foram consideradas reestruturações societárias pelo Conselho e por outras, não .[65] Esse também é o caso das hipóteses que envolvem a transferência acionária entre sócios com alteração de controle[66] e sem alteração de controle.[67]

Por último, no que diz respeito à aquisição de participação minoritária, interessante notar a enorme diferença da postura do Conselho com relação a esse tipo de operação, em comparação com operações de consolidação de controle, que invariavelmente acabam envolvendo a aquisição de parcela minoritária do capital social pelo acionista que já detém o controle da sociedade. É que, contrastando com os inúmeros posicionamentos encampados pelo Conselho em algum momento de sua história sobre a caracterização ou não de consolidação de controle como reestruturação societária, essa questão praticamente não é levantada quando a operação envolve a aquisição de participação minoritária.

---

[65] Comparar, por exemplo, as decisões do AC 08012.006267/2003-34 (caso Bica de Pedra) e do AC 08012.006397/2001-13 (caso EQT). Sobre o mesmo tema ver também: AC 08012.006632/2003 (caso SLC), AC 08012.002893/2002-71 (caso Equifax) AC 53500.001395/2001 (caso Bitel).

[66] Comparar AC 08012.000844/2003-84 (caso Baesa) e AC 08012.002451/2001-43 (caso Corning), em que esse tipo de operação é tratado como reestruturação societária, com o AC 08012.005234/98 (caso Arvin), em que é analisado como um ato de concentração comum, sem que o assunto seja levantado.

[67] Comparar, apesar de em ambos os casos a operação não ser conhecida, AC 08012.004734/2003-91 (caso CVRD) com AC 53500.003750 (caso NTT), ambos tratando de alterações na composição acionária de consórcio, operação que em um caso é tida como reorganização societária, e em outro é tratada como ato de concentração comum sem que essa hipótese seja cogitada. Ver também o AC 53500.005049/2002 (caso Telecom Timepart), para um exemplo de jurisprudência em que a alteração da composição acionária sem mudança de controle foi tratada como reestruturação societária e aprovada sem restrições.

De fato, ao contrário do que ocorre em se tratando de consolidação de controle, a jurisprudência do Conselho é bastante firme ao determinar que aquisições de participações minoritárias devem ser apresentadas ao Cade por serem capazes de potencialmente prejudicar a concorrência. Fica, então, a dúvida sobre por que o Cade é tão seguro ao sustentar que a entrada de um acionista minoritário pode trazer riscos à concorrência,[68] e por vezes entende que a saída desse mesmo acionista não tem o potencial de representar prejuízo algum ao mercado.[69] Por que o Plenário costuma demonstrar certeza na afirmação de que a entrada do acionista seria capaz de alterar a dinâmica do controle da sociedade, e o mesmo já não diz com tanta firmeza de sua saída?

Por certo que a fluidez e a imprecisão dos termos em que a questão costuma ser tratada são as principais fontes dessa inconsistência na jurisprudência ao decidir sobre os casos em que há dúvidas quanto à identificação de uma reestruturação societária. A aplicação prática de um conceito que, na teoria, carece de definição precisa e ainda enseja várias interpretações de fato não poderia ser menos problemática.

É, contudo, graças a esses casos duvidosos que o Cade acaba se manifestando sobre o que caracteriza uma reestruturação societária mesmo antes de julho de 2002, ocasião em que, conforme já foi dito, começam a surgir propostas mais consistentes e sistemáticas de dar precisão aos conceitos na matéria. Esse tipo de manifestação é mais evidente nos casos em que o Cade não reconhece nas operações apresentadas reestruturações societárias, restringindo o conceito àquelas operações que fazem parte da chamada hipótese clara. Vejam-se, então, alguns trechos desses votos em que constam esclarecimentos sobre a definição de reestruturação societária:

> "O Conselho já se manifestou na caracterização do que entende por reorganização societária. Esta seria um processo de reestruturação administrativa, configurando-se somente uma transferência de controle entre detentores, que manteriam sua relação com um único grupo a que todos pertenceriam. Tal situação afastaria qualquer efeito anticoncorrencial. [...]

---

68 Nesse sentido ver AC 08012.005037/2000-13 (caso Enron), AC 08012.012591/99-53 (caso Pillsbury), AC 08012.06962/98-78 (caso Cigna).

69 Nesse sentido: AC 53500.001395/2001 (caso Bitel), AC 08012.000348/2001-69 (caso KCC), AC 08012.0000765/00-4 (caso BNY), AC 08012.006659/2000 (caso Volex).

No entanto, não se constata tal hipótese no presente caso. Considerando que o Grupo EQT possuía 50% das quotas, e que os poderes de administração e gerência da DUNI incumbiam igualmente a ambos os Grupos, não detendo o grupo adquirente o controle exclusivo da sociedade, claro está que, após a transação, todas as estratégias serão determinadas e monitoradas sob os ditames do controlador, podendo inclusive a nova composição afetar significativamente as estruturas do mercado concorrencial, não restando dúvidas quanto a subsunção do ato à descrição hipotética do artigo 54 da Lei Antitruste" (AC 08012.006397/2001-13 – caso EQT – Cons. Roberto Pfeiffer em fevereiro de 2002).

"Não se trata de transferência de controle acionário dentro de empresas do mesmo grupo, mas de transferência acionária entre empresas de grupos diversos que exerciam mutuamente o controle de terceiras empresas. [...]

Ao contrário da opinião da d. Procuradoria do Cade, entendo que trata-se de ato de concentração" (AC 53500.000195/99 e 53500.000378/99 – caso UGB – Cons. Lucia Helena em outubro de 1999).

"A jurisprudência do Cade tem sido mais estrita na classificação do que é ou não uma reorganização societária e vem entendendo que mesmo a saída de um sócio e a compra de sua participação pelos sócios remanescentes constitui um Ato de Concentração, eis que pode alterar a forma pela qual a empresa atua no mercado" (AC 08012.0010837/99-71 – caso Procomp – Cons. Afonso Arinos em janeiro de 2001).

Ocorre que, na medida em que esses votos são proferidos concomitantemente a outros, que decidem em sentido contrário, sem atentarem para a postura adotada nos trechos citados, não é cabível falar em jurisprudência consolidada do Conselho em nenhum dos sentidos.

Assim, tem-se, que não obstante a existência de decisões acompanhando o entendimento expresso nos trechos que foram citados, nem sempre a noção de reestruturação societária era vista de forma restrita. É o caso, por exemplo, do AC 177/97 (caso Unigel), em que o Conselho entendeu que a compra de 50% das ações de uma companhia pela empresa que já detinha a outra metade era uma "mera reestruturação societária" nos termos do voto do Conselheiro Relator Marcelo Calliari,[70] do AC 08012.004774/2001-71

[70] Conforme se vê no seguinte trecho da ementa: "Ato de concentração. Reorganização societária. Aquisição de 50% do capital social da Companhia Brasileira de Estireno – CBE pela Unigel, que já detinha 50% [...]".

(caso Loducca), em que o Conselho considerou que o aumento da participação acionária de um grupo em uma dada empresa tratava-se de uma reestruturação societária, e do AC 08012.008007/2005-65 (caso Sud-Chemie), em que mesmo a aquisição de parte do capital social de uma empresa por outra que não figurava anteriormente entre os seus acionistas é referido como reestruturação societária.

A variedade de entendimentos adotados pelo Cade fica bastante clara a partir da seguinte tabela:

Hipótese do caso concreto	**Entendimentos adotados pelo Cade**			
	Identifica operação como reestruturação societária	**Identifica operação como reorganização societária**	**Não se manifesta sobre o tema**	**Não identifica operação como reorganização nem reestruturação**
Hipótese clara	11%	8,5%	3,5%	–
Hipótese(s) duvidosa(s)	9,5%	12%	47%	8,5%

Porcentagens calculadas a partir de uma amostragem de aproximadamente 80 casos decididos antes de setembro de 2004 (foram excluídos aqueles casos em que não se teve acesso ao inteiro teor dos votos).

A partir dos dados apresentados, percebe-se que as operações que se enquadram na hipótese clara respondem pela minoria (23%) dos casos estudados, e que na maior parte das vezes em que se está diante dessa hipótese (quase 85%) o Cade refere-se às operações em que todas as empresas envolvidas no negócio submetem-se a um controle comum como reestruturação ou reorganização societária. Por outro lado, quando isso não ocorre (77% dos casos analisados referentes às hipóteses não claras), verifica-se que a tendência do Cade (aproximadamente 61% das vezes) é nem cogitar se a operação trata-se ou não de reestruturação societária e aprová-la sem restrições.

Tem-se, portanto, que a falta de precisão conceitual aludida no item anterior repercute, como não poderia deixar de ser, na identificação de reestruturações societárias por parte do Conselho. Nesse sentido, tem-se também, obviamente, que a busca de definições detalhadas para as noções de reestruturação e reorganização societária, verificada a partir de certo momento da história do Cade, providencia critérios que tornam possível a identificação de operações desse tipo com um nível cada vez maior de previsibilidade e certeza.

2.1.1.4 *As noções de concentração, influência dominante e influência relevante: um breve comentário*[71]

São recorrentes, nos debates a respeito da análise de reestruturações societárias pelo Cade, as propostas no sentido da defesa da utilização das noções de influência relevante e influência dominante, em vez da clássica noção de controle do direito societário, para determinar os possíveis efeitos anticoncorrenciais desse tipo de operação. Com isso, os defensores dessa tese esperam, em última instância, tornar possível a identificação das hipóteses de reestruturação societária que devam ser submetidas à análise antitruste.

Na verdade, esses termos já fazem parte do vocabulário da jurisprudência do Cade, não apenas em casos envolvendo a apresentação de reestruturações societárias, mas também em outras oportunidades em que se coloca a necessidade da verificação do tipo de relação que as empresas requerentes mantinham entre si antes da operação, como o que ocorre nos casos em que se discute a questão da natureza vinculativa do contrato condicional.[72] Dessa forma, a utilização proposta desses conceitos para estipular a existência e o grau em que se dá a ingerência direta dos interesses econômicos de uma das partes sobre a condução dos negócios da outra não chegaria a representar uma novidade, posto que isso de certo modo já acontece.

De fato, conforme consta na própria jurisprudência do Conselho, o "critério de influência relevante e dominante é importante para o reconhecimento da obrigação de apresentar uma operação".[73]

Entretanto, o que se verifica no caso específico da análise de reestruturações societárias é que a participação desses conceitos nas tomadas de decisão é bastante esporádica. Apenas numa minoria dos atos de concentração identificados na pesquisa realizada se faz uso desse expediente. Vejam-se alguns exemplos:

---

71 O uso dessas noções pelo Cade mereceria, na verdade, uma análise semelhante a que se está fazendo no que se refere ao uso das noções de reestruturação e reorganização societária. Isso porque os conceitos de concentração, influência dominante e influência relevante também foram objeto de uma tentativa de "reconstrução" jurisprudencial por volta do ano de 2002 e possuem, em grande parte da jurisprudência, um uso impreciso e retórico.

72 Veja-se, por exemplo, AC 08012.007497/2003-11 (caso Ford).

73 Voto do Conselheiro Ronaldo Macedo no AC 08012.007947/2001-59 (caso RKT) proferido em dezembro de 2002.

"Valho-me, neste ponto dos ensinamentos de Nuno Carvalho, para quem, 'quando o empresário adquire, não importa por que meio, a capacidade de exercer controle unificado sobre antigos concorrentes, há concentração'.

Tal controle pode ser tanto efetivo quanto potencial e a primeira questão, segundo o autor, é determinar quando houve a unificação efetiva ou potencial dos centros decisórios e, portanto, foi eliminado o fator concorrência. A unificação dos centros decisórios se dá quando a empresa adquirente passa a exercer, efetiva ou potencialmente, *influência dominante* sobre a empresa cujas ações foram parcialmente adquiridas. Para apurar se a aquisição de 10% das ações da Umuarama representou à época a aquisição de influência determinante da Electrolux sobre a Refripar, solicitei à Procuradoria do Cade que fossem examinados com maior atenção os contratos realizados entre as requerentes, e os acordos de acionistas firmados à época.

De acordo com o exame relatado no parecer da procuradoria, o contrato de compra e venda de 10% das ações da Refripar pertencentes à Uruanama compreendeu uma associação em que a Electrolux passou a dispor da estrutura industrial da Refripar para fabricar produtos da chamada linha branca no Brasil, em particular lavadoras. Em contrapartida a Electrolux obrigou-se a prestar assistência técnica à Refripar para o desenvolvimento de novos produtos e transferir tecnologia. É claro que desde essa ocasião a Electrolux deveria ter submetido a operação à aprovação do CADE" (AC 71/96 – caso Electrolux – Cons. Lucia Helena, em maio de 1997) (grifei).

"No entanto, efeitos concorrenciais também podem surgir de mudanças na estrutura de controle sobre ativos que não se caracterizam como transferência de controle exclusivo. [...]

Segundo Calixto Salomão, uma das situações que configura '*influência relevante* do ponto de vista concorrencial' se verifica quando participações patrimoniais, mesmo minoritárias, concedem poder de veto ao detentor, particularmente sobre matérias estratégicas como decisões de investimento, vendas, produção e pesquisa e desenvolvimento, obrigando a sócia majoritária a levar os interesses da minoritária em consideração na condução de negócios empresariais. [...]

O reconhecimento da *influência relevante* do ponto de vista concorrencial de participações minoritárias se verifica consistentemente na jurisprudência do Cade" (AC 08012.001844/00-51 – caso Equifax – Cons. Afonso Arinos, em janeiro de 2002) (grifei).

Independentemente do uso das noções de influência dominante e influência relevante, em se tratando, sobretudo, dos casos em que há dúvidas quanto à caracterização da operação como reestruturação societária, é certo que o Cade tem procurado identificar se, por meio da realização do negócio, ocorre alteração na estrutura de controle. Esse tem sido o principal foco da atenção do órgão na análise da matéria.

A abordagem feita pelo Cade do fenômeno da concentração econômica envolve assim, sem muita sistematicidade, é verdade, as três noções: controle, influência dominante e influência relevante.

2.1.1.5 Conhecer ou não conhecer de reestruturações societárias?

Conforme se verá neste item, a discussão em torno da questão do conhecimento ou não dos atos que não se enquadram no *caput* do art. 54 possui uma grande repercussão no tratamento das reestruturações societárias. Com efeito, ao contrário do que se poderia pensar, não é a definição de reestruturação societária o único fator de incerteza na jurisprudência do Cade sobre o assunto. A postura dos Conselheiros do Cade com relação à questão do conhecimento ou não das reestruturações societárias também não é uma questão fechada, o que contribui para que ela seja outro elemento gerador de insegurança no mercado.

Essa informação pode ser inferida a partir da existência de votos, tanto no sentido da necessidade de o Cade conhecer de reestruturações societárias quanto no sentido contrário, em diversos momentos ao longo da história da Cade, desde a edição da Lei 8.884/1994. Com efeito, do que se pôde perceber mediante a análise dos votos coletados, durante a maior parte da história do órgão, há uma tendência do Conselho em não conhecer das operações que se enquadram na hipótese clara de reestruturação societária, e conhecer das operações que fazem parte do grande grupo que dá margem a dúvidas. Nos últimos anos, mais especificamente após os debates que se seguiram à votação do caso Curt Alex (AC 08012.004467/2001), essa postura começa a ser debatida, passando o Conselho a também, por vezes, entender que não se subsumem ao art. 54 as operações que antes teriam sido consideradas de apresentação obrigatória.[74]

[74] Não que se possa dizer, de maneira definitiva, que o Conselho passa a não conhecer desse tipo de operação. Se é verdade que alguns Conselheiros passam a adotar a postura firme pelo não-conhecimento, é também verdade que há outros que, diante da ausência de critérios objetivos determinando o não-conhecimento, preferem conhecer das operações apresentadas temendo que hipóteses dúbias deixem de ser analisadas.

Nesses termos, a tese muitas vezes já adotada em decisões do próprio Cade de que a jurisprudência do Conselho é eloqüente ao determinar que reestruturações societárias não devem ser apresentadas, visto que não serão sequer conhecidas por não se enquadrarem nas hipóteses do art. 54, merece alguma reflexão. Não apenas porque as diversas tendências identificadas ao longo do tempo já apontam para a necessidade de especificar a afirmação geral segundo a qual o Cade não conhece de reestruturações societárias, mas também porque se verifica que por vezes prevaleceu no órgão um entendimento que vai exatamente no sentido oposto ao desta afirmação, determinando que o Cade deve conhecer de reestruturações societárias que a ele são apresentadas.

A jurisprudência sobre o tema produzida em 1998 e início de 1999 apresenta alguns exemplos bastante ilustrativos dessa inconsistência jurisprudencial, grande causadora de insegurança entre os administrados:

> "A operação em análise trata de reorganização societária envolvendo empresas que cooperam entre si na indústria e comércio de polipropileno. [...] Acompanhando o entendimento da Procuradoria do Cade quanto a (*sic*) aplicabilidade do artigo 54, § 3.º, da Lei 8.884/94 ao caso, o presente Ato de Concentração foi analisado quanto ao mérito por este Conselheiro-Relator [...]" (AC 135/97 – caso Polibrasil – Cons. Rel. Mércio Felsky, em agosto de 1998).
>
> "Por se tratar de mera reestruturação societária da CBP – que não implica aliás modificação efetiva do controle, dado que a Unigel já detinha 50% das ações antes da operação –, o ato não provoca qualquer alteração na estrutura do mercado [...] Assim sendo, e respeitando jurisprudência nesse sentido, voto pela aprovação da operação sem condições [...]" (AC 177/97 – caso Unigel – Cons. Marcelo Calliari, em junho de 1998).
>
> "Entendo, pois, que a operação de reorganização societária representada pela transferência de controle acionário entre empresas do mesmo grupo, tal como a que se trata, não está entre os atos cujos efeitos anticoncorrenciais, reais ou potenciais, sobre o mercado cabe ao Cade prevenir, pelo que não conheço da operação" (AC 08012.08448/77-12 – caso TAM – Cons. Lucia Helena Salgado, em dezembro de 1998).
>
> "Sendo assim, dado que o ato em tela trata apenas da transferência de ações entre subsidiárias do grupo Perez Companc, consistindo numa mera reestruturação societária, acompanho a jurisprudência do

Cade não conhecendo da operação por esta não se enquadrar nas hipóteses previstas no art. 54 da Lei 8.884/94" (AC 08012.009887/98-61 – caso Innova – Cons. Ruy Santacruz, em março de 1999).

Essa variedade de posicionamentos que, contraditoriamente, sempre alegavam acompanhar jurisprudência consolidada do Conselho evidencia a enorme carência de uma discussão que levasse a um posicionamento efetivamente consolidado do Conselho sobre o tema. É que, como a questão do conhecimento ou não de uma dada operação não é uma questão antitruste relevante – na medida em que não altera o resultado da decisão a ser tomada (conhecer para aprovar ou não conhecer possuem o mesmo efeito prático) –, ela é freqüentemente negligenciada pelo Plenário.[75]

Essa carência de uma reflexão sobre o assunto é amenizada, vez por outra, por ocasião da decisão de casos em que, excepcionalmente, o tema é abordado. Isso, embora não necessariamente ocorresse diretamente em casos que tratavam de reestruturações societárias, por vezes ocorreu.

Uma dessas vezes em que a questão é abordada em um caso envolvendo diretamente a questão da reestruturação societária se verifica no ano 2000. Nessa ocasião, os Conselheiros se posicionaram especificamente sobre o que entendiam significar conhecer de uma operação para, com base nisso, defender a necessidade ou não de conhecimento de reestruturações societárias.

Um dos primeiros Conselheiros a colocar a discussão nesses termos foi o Conselheiro Celso Campilongo, que expressa de forma bem clara seu posicionamento no Ato de Concentração 08012.000704/00-56, doravante caso Akros:

> "Atos de mera reestruturação interna, que não têm qualquer repercussão para o direito da concorrência e que não visem a (*sic*) concentração econômica, não devem ser analisados pelo Cade, uma vez que ausentes os pressupostos de admissibilidade. Em outras palavras, os atos de mera reestruturação interna não devem ser sequer conhecidos pelo Cade.
>
> O Cade, tal como os órgãos do Poder Judiciário, só pode elaborar juízo de mérito quando presentes todos os pressupostos e requisitos

[75] Não por outro motivo é comum que as decisões pelo não-conhecimento e pelo conhecimento para aprovação sejam tomadas indiscriminadamente de forma unânime pelo Conselho.

de admissibilidade da ação ou do recurso" (caso Akros – Voto de vista do Cons. Celso Campilongo, em agosto de 2000).

A diferença entre essa abordagem e a abordagem usual do Conselho à questão, que se limitava a reafirmar um posicionamento que vinha sendo tomado de maneira lacônica nos anos precedentes, fica clara quando se contrasta o voto do Conselheiro Campilongo com o voto proferido pelo Conselheiro relator do caso Akros:

> "Em casos como este, onde (a) não ocorreu qualquer alteração nas participações acionárias relativas, uma vez que o grupo Nueva/Amaco continuou a deter a totalidade das ações da empresas incorporadas; e (b) tampouco envolveu transferência de titularidade de ações para agentes ou empresas externas ao grupo Nueva/Amaco; a jurisprudência do Cade é extensa e clara no sentido de que não se enquadram dentre os atos que devem ser submetidos à aprovação do Conselho.
>
> Nesse sentido, acompanho o entendimento deste Colegiado, expresso em casos anteriores, considerando que, por tratar apenas de alterações na configuração interna do grupo Nueva sem qualquer mudança na estrutura da propriedade acionária, o presente Ato não se enquadra nas hipóteses previstas no artigo 54, razão pela qual não conheço da operação" (caso Akros – Cons. Thompson Andrade).

Pois bem, nesse caso, reforçando a tese de que a questão relativa ao não conhecimento de reestruturações societárias não é uma questão há muito consolidada na jurisprudência do Cade, houve grande discussão no Conselho. Nem todos os Conselheiros concordaram com o posicionamento adotado pelo Conselheiro Celso Campilongo e pelo Conselheiro Thompson Andrade em favor do não-conhecimento, o que se evidencia a partir do próprio resultado da votação, que não foi unânime: naquela ocasião o Conselho decidiu por maioria não conhecer da operação.[76]

[76] Leia-se o acórdão do caso: "Vistos, relatados e discutidos os presentes autos, na conformidade dos votos e das notas eletrônicas, acordam o Presidente e os Conselheiros do Conselho Administrativo de Defesa Econômica – Cade, por maioria, não conhecer da operação por esta não se enquadrar nas hipóteses previstas no artigo 54. Participaram do julgamento o Presidente João Grandino Rodas e os Conselheiros João Bosco Leopoldino, Hebe Romano, Thompson Andrade, Celso Campilongo e Afonso Arinos de Mello Franco. Presente o Procurador-Geral Amauri Serralvo. Brasília, 30 de agosto de 2000 (data do julgamento)".

O mesmo Conselheiro Celso Campilongo profere outro voto muito interessante sobre o tema apenas alguns meses depois, em fevereiro de 2001. Nessa ocasião, a discussão do tema se dá em termos mais gerais, seguindo a regra mencionada. Trata-se do AC 08012.009661/99-69 (caso Psinet), no qual se discutia se o Cade deveria conhecer de uma operação, mesmo que esta sabidamente não preenchesse as condições legais para a apresentação contidas no § 3.º do art. 54.

Nesse caso, embora mantendo seu entendimento de que a expressão "conhecer" refere-se aos pressupostos de admissibilidade de um recurso, o Conselheiro Celso Campilongo votou pelo conhecimento da operação. De acordo com ele:

> "Nem sempre a lei permite, de pronto e com absoluta segurança, separar o juízo de admissibilidade do juízo de mérito. Os atos de concentração não são de jurisdição voluntária. Não há neles um conflito de interesses a ser decidido. A simples *possibilidade* de que um ato possa prejudicar a concorrência é o suficiente para que a operação seja apresentada. Ora, notificado o ato, o Cade deve, necessariamente, examinar se a possibilidade de prejuízo ao mercado é concreta ou não. E isso não pode ser feito sem o exame de mérito da concentração" (caso Psinet – Cons. Celso Campilongo).

Ao contrário do que pode parecer à primeira leitura, não se pode extrair desse segundo voto uma mudança no posicionamento expresso pelo Conselheiro no primeiro voto citado.[77]

Há que perceber que ambos os casos são sensivelmente diferentes. No caso Psinet o Conselheiro vislumbrava a possibilidade de a operação apresentada, ao menos em tese, prejudicar a concorrência justamente porque esta operação indubitavelmente se tratava de uma concentração. Já no caso Akros faltava-lhe essa condição. Essa diferença fica mais clara no parágrafo seguinte do voto:

> "Em *tese*, até que examinadas as condições específicas do mercado relevante e dos requerentes, qualquer *concentração* apresentada ao Cade pode prejudicar o mercado. Por outras palavras: apenas a análise do mérito responde se – *havendo em tese a mera possibilidade de dano ao mercado* – na hipótese concreta existe subsunção do fato à norma ou do caso individual ao tipo legal" (caso Psinet – Cons. Celso Campilongo) (grifei).

[77] Embora, como se verá mais tarde, o voto do Conselheiro Celso Campilongo no caso Psinet servirá à fundamentação do argumento de que hipóteses de reestruturações societárias devem ser conhecidas pelo Cade quando forem apresentadas.

Por fim, conclui o Conselheiro:

"E nem se diga que o Cade – conhecendo de operações espontaneamente apresentadas, mas que, supostamente, não atinjam os parâmetros do § 3.º do art. 54 – estaria estimulando a indiscriminada notificação de concentrações. Nada disso. Que fique claro: os atos que não se enquadram na 'fattispecie' não devem ser trazidos ao Cade. Porém, se forem apresentados, deverão ser conhecidos e, depois, aprovados ou não. [...]" (caso Psinet – Cons. Celso Campilongo).

Embora, se, considerados isoladamente, ambos os casos pudessem apontar para uma possível tomada de direção pela jurisprudência do Cade, o fato é que a questão continuava longe de ser superada. É o que indica a existência de decisões que conheciam de reestruturações societárias ainda no ano de 2001. Por exemplo, no caso AC 08012.007069/2000-45, doravante Mycogen, o Plenário ficou, a princípio, dividido entre multar ou não por intempestividade uma operação de reestruturação societária. Nessa ocasião conheceram da operação inclusive alguns daqueles Conselheiros que, por verificarem falta de obrigação legal de apresentação de reestruturações societárias, entendiam não ser cabível a imposição de multa. Nesse sentido, veja-se o voto do Conselheiro Afonso Arinos:

"Conheço da declaração desta operação de incorporação e acolho interpretação da SEAE e da SDE em seus pareceres da desobrigação legal de sua declaração, descaracterizando assim a aplicação de multa, já que se não houve obrigação também não houve atraso em seu descumprimento" (caso Mycogen – Cons. Afonso Arinos, em setembro de 2001).

Mesmo alguns meses depois, o Conselheiro Afonso Arinos continuava firme em sua posição:[78]

"Pelo exposto, verificada a impossibilidade de enquadramento no *caput* do art. 54 por tratar-se de reorganização societária interna

[78] Como se vê nos seguintes casos em que o Cade conheceu e aprovou reestruturações societárias, esse também parece ter sido o posicionamento adotado pelo Conselho, por unanimidade, em diversas ocasiões ao longo de 2002: AC 08012.006084/2001-93 – caso CTEEP (decidido em março de 2003), AC 08012.000173/2002-71 – caso Valpar (decidido em março de 2002), AC 08012.007979/2001-17 – caso Knorr (em abril de 2002), AC 08012.000360/2002-54 – caso Ondeo Nalco (em abril de 2002), AC 08012.000777/2002-17 – caso Wallenius (em maio de 2002), AC 08012.001044/2002-08 – caso Smiths (em maio de 2002), AC 08012.001795/2002-16 – caso Sony (em agosto de 2002).

ao grupo de controle, concluo que as requerentes apresentaram o presente ato por faculdade, e conheço do processo para decidir pela aprovação da operação sem restrições" (AC 08012.004446/2001-75 – em fevereiro de 2002).

A grande variedade de posicionamentos do Conselho quanto à questão do conhecimento ou não de reestruturações societárias é bem resumida quando se completa a tabela já apresentada anteriormente com os dados relativos a esse tema:

Hipótese do caso concreto	Entendimentos adotados pelo Cade							
	Identifica operação como reestruturação societária		Identifica operação como reorganização societária		Não se manifesta sobre o tema		Não identifica operação como reorganização nem como reestruturação	
	conhece	não conhece	conhece	não conhece	conhece	não conhece	conhece	não conhece
Hipótese clara	5%	6%	1%	7,5%	2,5%	1%	–	–
Hipótese(s) duvidosa(s)	6%	3,5%	11%	1%	42%	5%	8,5%	–

Porcentagens calculadas a partir de uma amostragem de aproximadamente 80 casos decididos antes de setembro de 2004 (foram excluídos aqueles casos em que não se teve acesso ao inteiro teor dos votos).

Essa tabela aponta claramente para uma tendência da parte do Conselho em adotar uma postura cautelosa quanto à questão do conhecimento ou não de reestruturações societárias. Tendência esta que parece se alterar um pouco apenas no ano de 2006, conforme será tratado adiante.

Nesse sentido, percebe-se que o Cade, levando-se em conta tanto a hipótese clara como as hipóteses duvidosas, conhece das operações apresentadas em 76% dos casos considerados. Interessante notar, contudo, as diferenças de posicionamento do Conselho quando se contrastam as posturas adotadas diante das diferentes hipóteses. Tratando-se apenas das hipóteses duvidosas, o Cade conhece da operação apresentada em quase 90% dos casos. Já no que diz respeito à hipótese clara, nota-se não só um equilíbrio maior entre as duas posturas do Conselho, como também que a situação se inverte e o Cade deixa de conhecer da maioria (quase 70%) das operações que se enquadram na hipótese clara de reestruturação societária.

Tamanha variedade de posicionamentos não era, contudo, acompanhada de discussões substanciais sobre o tema no Conselho até o ano de 2002. É nesse ano que, graças ao esforço de alguns integrantes do Conselho no sentido de racionalizar a pauta das sessões visando a evitar a apresentação desnecessária de inúmeras operações que sobrecarregam o Cade, a questão acerca do conhecimento ou não de determinados atos de concentração passa a ser objeto de grande reflexão. Isso porque o não-conhecimento de dadas operações passou a ser visto como uma possível forma de sinalizar aos administrados a desnecessidade de sua submissão ao Cade. Não fosse essa preocupação prática, os debates concernentes ao tema talvez não tivessem avançado mais.

O ano de 2002 é, assim, marcado por uma intensa discussão da matéria. É nessa ocasião que a divisão do Conselho em torno do tema se torna mais nítida do que nunca e que a questão passa a ser debatida com maior freqüência.

Com efeito, tem-se que no decorrer deste ano o Conselheiro Thompson Andrade adotou posicionamento, rechaçado pela maioria do Conselho,[79] no sentido de não conhecer de todos os atos de concentração apresentados que não se enquadrassem no *caput* do art. 54.

Seguindo a regra geral de como se deu essa discussão no Cade, embora acabe tendo muitas implicações na questão da reestruturação societária, essa nova etapa de debates não se inicia diretamente ligada a esse tema, mas em março de 2002, por ocasião de uma consulta que o Conselho julgou não tratar de ato em tese, e sim de ato já realizado, e por isso determinou o arquivamento do processo. Trata-se da Consulta[80] 0081/2001 (caso IGB) em que o Conselheiro Ronaldo Macedo expressa seu entendimento acerca do momento do início do processo de cognição.

De acordo com o referido Conselheiro, a análise da existência das condições da ação implica a cognição preliminar do pedido, não havendo como determinar a possibilidade de julgamento de um pedido sem dele

---

79 Ver, nesse sentido, as ementas dos seguintes casos: AC 08012.002790/2002-19, caso Whitney (agosto de 2002); AC 08012.002888/2002-68, caso Abbot (setembro de 2002); AC 08012.003009/2002-15, caso OEP (outubro de 2002); AC 08012.003351/2002-15, caso AB Electrolux (novembro de 2002); AC 08012.004585/2002-80, caso High Voltage (dezembro de 2002), entre muitos outros.

80 A evolução da análise dessa questão envolvendo o início do processo de cognição fica mais clara quando acompanhada por meio das diversas decisões em que ela é levantada quando da análise de consultas apresentadas ao Cade. Por isso, veja-se também, por exemplo, a Consulta 0077/01 (consulentes: Souza Cruz e Ambev).

conhecer. Na visão do Conselheiro, é impossível decidir de plano sobre a inexistência das condições do pedido, sem efetuar um juízo de admissibilidade que, por sua vez, implica o início do processo de cognição. Início este que não impede que na falta de uma das condições da ação o pedido seja indeferido de plano e não haja julgamento de mérito. Nas palavras dele:

> "Na atividade judicial, todos sabemos, compete ao magistrado analisar nos pedidos de prestação jurisdicional que lhe são dirigidos a existência das condições da ação (possibilidade jurídica do pedido, interesse de agir e legitimação *ad causam*). Na hipótese de inexistirem tais condições, deverá o magistrado extinguir o feito sem julgamento do mérito (artigo 267, VI do CPC). Contudo, conforme bem observam Antônio Carlos de Araújo Cintra, Ada Pellegrini Grinover e Cândido Rangel Dinamarco, 'ainda que a resposta do juiz se exaura na pronúncia da carência da ação (porque não se configuraram as condições de ação mesmo nesta situação) terá havido exercício da função jurisdicional'.[81] Em outras palavras, é realizada uma cognição preliminar do pedido".

Também de acordo com o Conselheiro Ronaldo Macedo, esse seria o sentido da jurisprudência do Cade, e como exemplo disso ele cita o voto do Conselheiro Celso Campilongo no caso Psinet.

Ainda sem estar diretamente relacionada com o tema da reestruturação societária, a questão reaparece em julho de 2002, quando se discutia a interpretação legal que deveria ser dada ao dispositivo contido no art. 54, § 3.º, da Lei 8.884/1994. Trata-se do AC 08012.004467/2001 (caso Curt Alex) em que se discutia se operações envolvendo a entrada de novos *players* no mercado brasileiro podem implicar alguma forma de concentração econômica e, por isso, deveriam ser apresentados ao Cade.

Nesse *leading case* o Cade, em decisão por maioria, revisou a decisão do Conselheiro Thompson Andrade, que era o relator, que havia determinado a extinção do processo sem julgamento de mérito, por entender que na hipótese dos autos não tinha havido concentração nem existia essa possibilidade. Esse voto não foi acompanhado pela maioria do Conselho, que se posicionou contra ele, entendendo que o ato deveria ser conhecido para

[81] *Teoria geral do processo.* 2. ed. São Paulo: RT, 1979. p. 222.

então ser aprovado. Veja-se, a seguir, tabela com os posicionamentos dos Conselheiros nesse caso tão importante:

CONSELHEIROS	POSIÇÃO ADOTADA
Thompson Andrade (relator)	Por entender que a operação não acarreta, nem em tese, concentração no mercado, não conhece da operação por ela não se enquadrar no art. 54.
Celso Campilongo	Argumenta que a entrada de um novo *player* no mercado trata-se potencialmente de uma concentração, conhece e aprova a operação sem restrições por julgar que, de fato, esta não prejudicava a concorrência.
Roberto Pfeiffer	Entende que o § 3.º especifica o *caput* ao agregar dois exemplos de notificação obrigatória por presumivelmente terem mais possibilidades de impactar a concorrência. Assim, segundo ele, se os atos de notificação obrigatória que devessem ser conhecidos pelo Cade fossem apenas aqueles que o agente econômico entendesse que, de fato, prejudicariam a concorrência, a norma do § 3.º deixaria de ter qualquer utilidade.
Ronaldo Macedo	Acrescenta que, no que tange à interpretação do art. 54, mesmo as hipóteses que não se enquadram no § 3.º não estão necessariamente isentas de apresentação, devendo assim ser conhecidas pelo Cade, seja pela própria interpretação literal do dispositivo (em que é utilizada a expressão "incluem-se" sem fazer exceção a outras possíveis hipóteses), seja pela freqüente dúvida que existe envolvendo a delimitação do mercado geográfico, seja pela obrigação de apresentação de hipóteses em que não há concentração econômica, como é o caso das cooperações. De acordo com o Conselheiro ainda que haja dúvidas quanto à obrigatoriedade de apresentação, a operação deve ser apresentada ao Cade porque cabe a ele manifestar-se sobre o tema.[82]
Afonso Arinos	Conhece e aprova a operação, encampando posicionamento do Conselheiro Celso Campilongo.
Grandino Rodas (presidente)	Conhece e aprova operação.

De acordo com o entendimento da maioria, expresso no seguinte trecho do voto do Conselheiro Ronaldo Macedo, ainda que haja dúvidas quanto à obrigatoriedade de apresentação, a operação deve ser apresentada ao Cade para que ele possa se manifestar:

---

82 Não que para o Conselheiro Ronaldo Macedo, toda e qualquer operação deva ser apresentada. Ele reconhece que diante do consenso sobre a impossibilidade de que, mesmo em tese, uma operação possa prejudicar a concorrência esta não deve

> "Em conclusão, caso um ato não se enquadre nas hipóteses do § 3.º, deve-se verificar se o mesmo se enquadra nas hipóteses do *caput*. Aqui, contudo, nova e terceira questão surge, qual seja a quem compete aferir se um ato se enquadra ou não nas hipóteses do *caput*, ao interessado ou ao próprio Cade?
>
> O Cade já vem decidindo, entendo corretamente, que não compete ao interessado avaliar se o ato pode ou não 'limitar ou de qualquer forma prejudicar a livre concorrência, ou resultar de dominação de mercado relevante de bens ou serviços'. [...]".

Prevaleceu esse entendimento da maioria contrário ao que foi exposto no voto do Conselheiro Thompson Andrade:

> "Ocorre que na operação em tela não houve qualquer concentração horizontal ou integração vertical. Explica-se: a Audiovisuales não desenvolvia qualquer tipo de atividade no mercado brasileiro. Assim, a operação não passou de mera substituição de *players*. [...]
>
> Contudo, mesmo o critério concernente ao faturamento, pressupõe a existência de concentração econômica, o que não ocorreu no caso sob análise".

Posteriormente, ainda acrescentou o Conselheiro Thompson em seu aditamento ao voto citado:

> "O legislador, ao determinar que 'os atos sob qualquer forma manifestados deverão ser submetidos ao Cade', adotou critério altamente genérico, visando abranger todos os atos que pudessem, de alguma forma, causa prejuízos ao ambiente de livre mercado. A adoção desse critério não significa, contudo, que quaisquer atos praticados por empresas devam ser submetidos ao Cade. Frise-se, devem ser submetidos ao Cade aqueles que, de alguma forma, possam prejudicar a livre concorrência".[83]

ser apresentada, citando, como exemplo, a operação de compra duas ações na bolsa de valores.

[83] "Acórdão: Vistos, relatados e discutidos os presentes autos, na conformidade dos votos e das notas eletrônicas, acordam o Presidente e os Conselheiros do Conselho Administrativo de Defesa Econômica – Cade, por maioria, conhecer o ato de concentração para aprová-lo sem restrições, fixando multa no valor de R$ 63.846,00, em razão da intempestividade na apresentação da

Em agosto de 2002 a mesma questão de direito voltaria a ser discutida no AC 08012.001828/2002-28 (caso Newell) e no AC 08012.002047/2002-51 (caso Mondo), que também envolviam a substituição de agentes no mercado. Os argumentos utilizados nesses dois casos foram rigorosamente os mesmos do caso Curt Alex e, por isso, não serão aqui repetidos. Na verdade, tem-se que essa discussão ocupou o Conselho durante boa parte do segundo semestre de 2002.

Não é difícil perceber que estava em jogo nesses casos uma questão fundamental para a discussão relativa à necessidade de conhecimento de reestruturações societárias. De um lado, argumentava-se em linhas gerais que caberia ao Cade conhecer das operações apresentadas, ainda que elas não alterassem a estrutura do mercado para poder analisar se elas se enquadravam ou não no art. 54, ou seja, para saber se elas prejudicavam ou não a concorrência.[84] De outro, argumentava-se que, quando uma operação não fosse capaz de prejudicar a concorrência, por não alterar, nem em tese, a estrutura do mercado, ou seja, não gerar nem concentração vertical nem horizontal, ela não deveria sequer ser conhecida, ainda que preenchesse os requisitos do § 3.º do art. 54.

Ora, o prevalecimento da primeira interpretação dada ao art. 54 certamente repercutiu no tratamento da questão da reestruturação societária, dando margem à defesa da tese segundo a qual elas devem ser conhecidas. Isso fica claro da análise do caso Loducca (AC 080012.004774/2001-71), em que essa questão é levantada no julgamento de uma operação que tratava especificamente de uma reestruturação societária.

Nessa ocasião, a divisão do Conselho em torno da necessidade ou não de apresentação da operação em questão foi maior. Veja-se o quadro explicativo:

operação. Vencido o Conselheiro Thompson Almeida Andrade que votou pela extinção do processo sem julgamento do mérito. Participaram do julgamento o Presidente João Grandino Rodas e os Conselheiros Thompson Almeida Andrade, Celso Fernandes Campilongo, Afonso Arinos de Mello Franco Neto, Roberto Augusto Castellanos Pfeiffer e Ronaldo Porto Macedo Júnior. Presente o Procurador-Geral substituto Marcelo Kallil Grigoli. Ausentes, justificadamente, o Conselheiro Miguel Tebar Barrionuevo e o Procurador-Geral Fernando de Magalhães Furlan. Brasília, 03 de julho de 2002 (data do julgamento). Publicação do Acórdão: 1.º.08.2002."

84 Repetindo entendimento do caso Psinet.

Conselheiro Thompson Andrade	**Conselheiro Ronaldo Macedo**
Relator do caso, havia novamente se manifestado pela extinção do processo sem julgamento de mérito por entender que a operação não se caracterizava como prejudicial à livre concorrência. De acordo com o Conselheiro, a operação em pauta não se enquadrava entre os atos que devem ser analisados pelo Cade, pois não se caracterizava como ato prejudicial a livre concorrência, resultando em possível dominação de mercado. Segundo ele, a simples alteração da participação acionária envolvendo as empresas requerentes não altera a estrutura do mercado relevante.	Pede vistas para examinar, entre outras coisas, a questão referente a quando um ato de concentração deve ser conhecido ou não. Retomando os argumentos do caso IGB e citando o voto do Conselheiro Celso Campilongo no caso Psinet, o Conselheiro defende que, ainda que não estejam presentes as condições da ação e a decisão seja pela carência de ação, para se chegar a essa conclusão é preciso que seja feita uma cognição preliminar do pedido. Para ele, diante da falta de critérios determinando a não-apresentação – que o Cade deve buscar suprir –, o Cade deve conhecer de operações de reestruturação societária.
Com ele concordam:	Com ele concordam:
Conselheiros Roberto Pfeiffer e Fernando Marques.[85]	Presidente Grandino Rodas e os Conselheiros Miguel Tebar e Cleveland Prates.

Nota-se, assim, a partir do resultado da votação do caso Loducca que a questão relativa ao conhecimento de atos de concentração apresentados detém algumas especificidades quando trata particularmente da apresentação de operações tidas como reestruturações societárias. Diante desse tipo de operação, decidiram pelo não-conhecimento, inclusive alguns daqueles Conselheiros que vinham entendendo nas outras ocasiões que o Cade tem primeiro que conhecer dos atos apresentados que a princípio não alteram a estrutura do mercado, para depois afirmar se causam ou não prejuízo à concorrência. Embora ainda tenha prevalecido a tese do conhecimento, não há dúvidas de que havia uma maior divisão no Conselho quando o assunto era o conhecimento de reestruturações societárias, do que se tratando de casos de substituição de *players* no mercado.

Isso indica que, para uma parte do Conselho, operações de reestruturação societária são diferentes de outras operações que não alteram a estrutura do mercado, e por isso não devem ser sequer conhecidas quando desnecessariamente forem apresentadas.

Conforme se observa nos votos proferidos pelos Conselheiros em ambas as situações, essa diferença é a mesma que o Conselheiro Campilongo havia apontado entre o caso Akros e o caso Psinet. Ou seja, ao contrário de

[85] O Cons. Fernando Marques havia substituído o Cons. Celso Campilongo em agosto de 2002.

outras operações que a princípio não alteram a estrutura do mercado – tais como a entrada de um novo *player* –, operações de reestruturação societária não podem, segundo o entendimento adotado nesse momento, para parte do Conselho, nem em tese, prejudicar a concorrência, não se enquadrando assim jamais no *caput* do art. 54, sendo irrelevante o preenchimento dos requisitos constantes do § 3.º.

Tem-se, portanto, que, a partir do caso Curt Alex, ganha força a discussão em torno da necessidade de o Cade conhecer de reestruturações societárias. Mantém-se ainda durante algum tempo a dicotomia entre a minoria do Conselho, que entendia que, por não se enquadrarem no art. 54, o Cade não deveria conhecer de reestruturações societárias, e a maioria que, por cautela, defendia que, para saber isso, era preciso conhecer a operação.

Nos meses seguintes, na medida em que o Conselho começa a formular melhor os conceitos de reorganização e reestruturação societária, esse entendimento relativo à desnecessidade de que se conheça desse tipo de operação passa a se adaptar a essas especificações conceituais. O Conselho passou a não conhecer de reestruturações societárias sem alteração de controle e de reorganizações societárias (tal como definidas na jurisprudência da época), por entender que apenas reestruturações societárias com alteração de controle se enquadravam na hipótese do art. 54 da Lei 8.884/1994.

No que tange ao não-conhecimento de reorganizações societárias, o Plenário chegou a adotar diversas vezes, por unanimidade, a tese de que esse tipo de operação não deve ser conhecido. Tratando-se de reestruturações societárias, a formação do consenso mostrou-se muito mais difícil, prevalecendo ainda, por vezes, a adoção de uma postura cautelosa por parte dos Conselheiros que, na ausência de critérios claros determinando a não-apresentação desse tipo de operação, optam por conhecer e analisar as operações apresentadas.

Nesses termos, tem-se que, em fevereiro de 2004, no julgamento do AC 08012.000844/2003-84 (caso Baesa), há votos no sentido do conhecimento e aprovação de uma reestruturação societária com entrada de novo acionista, adotando o entendimento de que ela se submetia ao art. 54. Cerca de um mês antes, no mesmo Plenário, também há votos determinando que operações de reestruturação societária sem alteração de controle não se enquadravam na hipótese do art. 54 e por isso não deveriam ser conhecidas. Nas palavras do Conselheiro Fernando Marques:

> "Nesse sentido, já entendi que hipóteses de reestruturação societária sem alteração de controle acionário não se subsumem ao

art. 54 da Lei Antitruste, entretanto, quando se tratar de hipótese de reestruturação societária com alteração societária, já entendi que deve-se subsumir ao art. 54 se observados os requisitos do § 3.º" (AC 08012.007497/2003-11 – caso Ford – em janeiro de 2004).

Essa dualidade de posicionamento se mantém durante os anos de 2004 e 2005, e se agrava com a falta de discussões em torno da definição dos conceitos de reestruturação e reorganização societária. Assim, apenas em 2006 que se torna novamente possível identificar alguma tentativa de uniformização das decisões sobre a matéria. Nesse ano, o Conselho retoma a definição de reestruturação e reorganização societária proposta pelo Conselheiro Roberto Pfeiffer no caso Telepar e passa a tender a não conhecer reestruturações societárias, contrariando a postura mais cautelosa que predominava anteriormente. Retoma-se a idéia de que, se não há alteração do controle, não há a possibilidade de danos à concorrência.

Assim, operações que tratam da consolidação do controle por parte de empresa que já detinha a maior parte das ações de uma dada companhia passam a não ser conhecidas pelo Cade. Vejam-se alguns exemplos:

> "[...] conforme julgamentos recentes desse plenário, as hipóteses de reestruturação societária, nas quais a empresa que já detinha controle acionário aumenta sua participação, sem que as demais sócias ou acionistas possuam mecanismos de atuação e decisão na empresa, de forma direta ou por meio de pesquisa e desenvolvimento, investimento, produção ou vendas, são consideradas como situações de não conhecimento da operação" (AC 53500.014636/2005 – caso RDMA – Cons. Luis Fernando Rigato Vasconcellos, em abril de 2006).
>
> "[...] a presente operação retrata o aumento da participação da CCR [...] [em] empresas em que a CCR já detinha o controle integral, tratando-se, portanto, de mera reestruturação societária. Como tal, não foi realizado efetivamente um ato de concentração [...]. Em conseqüência, e observando não apenas uma mesma linha de entendimento deste Colegiado em situações análogas anteriores, como também, e principalmente, os termos da legislação de proteção à concorrência, considero que ao realizado não exige, para sua eficácia, a aprovação desse Egrégio Plenário, eis que não se inclui entre aqueles atos que o art. 54 da Lei n. 8.884/94 visa a prevenir" (AC 08012.000321/2006-81 – caso BGPAR – Cons. Paulo Furquim de Azevedo, em abril de 2006).

Há que ressaltar, contudo, que, como bem demonstram os trechos citados, essa tomada de posição se deu sem que os posicionamentos passados do Conselho a respeito do tema fossem devidamente considerados. No lugar disso, encontra-se, novamente, apenas a alusão a uma suposta "jurisprudência consolidada" sobre o tema, que, como visto, na verdade não existe.

2.2 As diversas correntes que predominaram na jurisprudência do Conselho: um panorama geral

Da análise dos aspectos da jurisprudência do Cade que interessam à questão da reestruturação societária percebeu-se que, de uma maneira geral, o ano de 2002 marca as discussões mais intensas sobre o tema. Com efeito, seja no que diz respeito à questão do conhecimento ou não desse tipo de operação, seja no que tange à própria definição de reestruturação societária, é clara a maior atenção dada pelo Cade em 2002 ao problema envolvendo a obrigatoriedade da apresentação dessas operações.

Há, claramente, em 2002, um movimento no Conselho[86] que indica uma conscientização da necessidade de procurar chegar a um entendimento definitivo sobre a matéria, com o intuito de evitar a apresentação desnecessária de operações. Entendimento este que pudesse pôr fim à incerteza e insegurança causadas pela jurisprudência vacilante dos anos anteriores.

As razões para tanto já foram apresentadas quando as mudanças ocorridas em 2002 na postura do Conselho foram identificadas e analisadas e, por isso, não serão aqui retomadas. Em vez disso, procurar-se-á, ainda que correndo o risco de generalizações inadequadas, traçar uma panorama geral da jurisprudência do Cade sobre a questão das reestruturações societárias, dentro do qual as peculiaridades do período que se segue ao ano de 2002 poderão ser melhor situadas.

O objetivo nesse ponto é, assim, delinear, em um contexto mais amplo, a postura do Cade com relação ao tema como um todo ao longo do tempo. Ou, em outras palavras, desenhar, ainda que com alguma imprecisão, o quadro geral dentro do qual se inserem as observações feitas sobre cada um dos pontos específicos da matéria que foram abordados. É com esse intuito que se dividiu a história do Cade nos três períodos que se seguem: os primeiros anos da história do Cade (1994-1996); um longo período seguinte, que chamei período de indefinição (1997-2001); e finalmente o período em que se verifica a tentativa de consolidação de um novo entendimento e seu posterior insucesso (2002-meados de 2006).

---

86 A composição do Conselho até o mês de julho de 2002 é a seguinte: Thompson Andrade, Celso Campilongo, Afonso Arinos, Roberto Pfeiffer, Ronaldo Macedo e Miguel Tebar, além do Presidente Grandino Rodas. A partir de agosto, saem os conselheiros Celso Campilongo e Afonso Arinos, e entram os Conselheiros Fernando Marques e Cleveland Prates.

2.2.1 *Os primeiros anos da história do Cade: 1994 a 1996*[87]

São desse período os votos, provavelmente, mais citados na jurisprudência do Cade sobre o tema que está sendo analisado. Com efeito, quase sempre que se fazia referência ao entendimento consolidado do Conselho a respeito do não-enquadramento de reestruturações societárias no art. 54 e a desnecessidade de sua apresentação exemplificava-se esse entendimento por meio da citação de votos, por vezes, apenas desse período.[88]

Os principais casos são: AC 7/94, 10/94, 20/94 e 55/95. De acordo com as citações feitas,[89] percebe-se que, em todos esses casos, o Cade entendeu que as operações envolvendo a incorporação de uma empresa por sua controladora ou outra empresa do mesmo grupo não se enquadram nas hipóteses listadas no art. 54 da Lei 8.884/1994.

Em trecho exaustivamente reproduzido em julgados do Conselho, assim se manifestou a Conselheira Neide Mallard no AC 20/94:

> "A operação de incorporação da CBV Nordeste Indústria Mecânica S.A., por sua controladora CBV Indústria Mecânica S.A., ainda que tenha promovido o aumento da participação relativa da incorporada no mercado relevante daquele mercado.[90] Isto porque, na aferição do grau de concentração dos mercados, considera-se, em relação às empresas pertencentes a um grupo o percentual agregado da controladora e de todas as controladas.
>
> [...]
>
> Não há como falar pois em aumento do poder de mercado, com prejuízo para a concorrência, quando determinado grupo promove uma reestruturação que importa em deslocamento de controle acionário de uma empresa para outra. Essas estratégias constituem matéria *interna corporis* do grupo e buscam, na quase totalidade dos casos, adequar a produção à dinâmica dos mercados, tornando a empresa mais eficiente e competitiva.

[87] Vale lembrar que, durante esse período, não foram muitos os casos decididos pelo Conselho se comparados com sua atividade nos anos posteriores. Em 1994 foram apenas 17 julgados, em 1995 foram 19 as decisões, e em 1996 foram 134. No ano de 1997 o número de casos decididos salta para 518.

[88] Sobre isso ver tabela anexa com os votos estudados.

[89] Não foi possível conseguir o acesso a esses votos mais antigos.

[90] Provavelmente falta uma parte da frase nas citações encontradas.

Por estas razões, entendo que o ato de incorporação da CBV Nordeste Indústria Mecânica S.A. pela CBV Indústria Mecânica S.A., ora submetido ao Cade, não se enquadra nas hipóteses elencadas no art. 54 da Lei 8.884/94, prescindindo assim, para sua eficácia, da aprovação deste egrégio Colegiado".

Por sua vez, os votos vencedores do Conselheiro Carlos Eduardo Vieira nos Atos de Concentração 07 a 10/94 têm o seguinte teor:

> "De acordo com os elementos dos processos, os atos submetidos ao Cade pela empresa Tubos e Conexão Tigres Ltda. apenas objetivaram a reestruturação interna ou a reorganização de empresas do Grupo Hansen, obedecendo as razões de interesse do Grupo, sob um controle comum, deles não resultando aumento de índices de concentração nos mercados de atuação das empresas envolvidas. Não se configuram, pois, como passíveis de prejudicar a livre concorrência.
>
> Em conseqüência, entendo que tais atos não exigem para sua eficácia a aprovação deste Plenário, eis que não se incluem entre aqueles que o artigo 54 da Lei n. 8.884/94 visa a prevenir" (em março de 1995).

Fica claro, portanto, que durante esse período inicial o Cade parece ter adotado a seguinte postura diante do tema: operações realizadas entre empresas pertencentes ao mesmo grupo não se subsumem à hipótese do art. 54, prescindindo assim da aprovação do Plenário. O que significa, em última instância, que o Conselho havia identificado um critério segundo o qual apenas um tipo específico de operação (realizada entre empresas do mesmo grupo) não precisava ser apresentado ao Cade e sobre o qual o CADE, quando chamado a se manifestar, nada teria a dizer.

De certo que tal campo de certeza era em grande medida positivo, e talvez por isso tenha posteriormente sido objeto de tentativas de resgate por meio da citação de votos do período. Por outro lado, há também que se atentar para o fato de que a falta de uma definição expressa de grupo era um ponto potencialmente gerador de insegurança.

2.2.2 Momento de indecisão: indiferença da parte de alguns e apego da parte de outros ao entendimento dos primeiros anos

Pretendendo-se distribuir as correntes que ora se trata de expor em períodos estanques, respeitando uma ordem cronológica, pode-se dizer – tendo consciência de que se trata de uma generalização que, assim, não pode primar pela precisão – que esse segundo momento da jurisprudência do Cade se inicia do ano de 1997 e vai até o ano de 2001.

Trata-se de uma época em que, sem dúvida, houve um regresso significativo em termos de segurança jurídica. O posicionamento até certo ponto consolidado que o Conselho havia adotado nos anos precedentes vai, aos poucos, dando lugar a uma enorme confusão, na qual os interessados provavelmente tinham dificuldades em saber o que esperar das decisões do Conselho.

Certamente, contribuíram de maneira definitiva para essa involução a inconsistência conceitual que estava por trás do consenso inicial do Plenário sobre a questão da reestruturação societária, auxiliada também pelo pouco tempo de mandato dos Conselheiros, e a conseqüente alta rotatividade dos membros no Conselho.

Com efeito, não obstante o posicionamento firme do Conselho sobre o tema, manifestado nos *leading cases* comumente citados, não há registro de outras decisões que, complementando o posicionamento apresentado nos Atos de Concentração 7, 10 e 20/94, trate de explicitar quando uma operação pode ser considerada uma reestruturação/reorganização societária à diferença das demais operações. É, assim, bastante clara a falta de uma preocupação inicial com a definição de parâmetros e diretrizes capazes de ajudar a balizar as decisões futuras.

A questão simplesmente não havia sido suficientemente debatida, apesar do consenso inicial formado em torno dela. Isso fez com que, passando-se os anos e modificando-se a formação do Conselho, surgissem novas dúvidas e novas interpretações que não encontravam respostas nem barreiras na jurisprudência. Graças a isso, com o tempo, a certeza em torno do tema foi substituída por uma grande insegurança, sendo enormes as contradições encontradas nos votos do período.

Essas contradições chegam a ser flagrantes em alguns casos quando, por exemplo, se verifica a existência de duas decisões unânimes, em casos semelhantes, separadas por pouco mais de uma semana, e em sentido diametralmente oposto, como se passará a ver.

Com efeito, em 28.04.1999 o Cade conheceu e aprovou por unanimidade operação em que duas empresas controladas indiretamente por uma mesma empresa pretendiam se unir, entendendo que havia obrigação de apresentação em razão do faturamento do grupo. Trata-se do AC 08012.002611/98-51 (caso Herbitécnica). Cerca de poucos dias depois, em 05.05.1999, o mesmo plenário, ao decidir o AC 08012.010081/98-15 (caso Arno), não conheceu de operação em que uma empresa adquiria as cotas de duas de suas controladoras (além delas havia apenas acionistas minoritários), sendo que essas controladoras faziam parte do mesmo grupo econômico.

Isso ocorreu basicamente porque, não obstante as operações fossem bastante semelhantes, já que ambas envolviam empresas que estavam sob o mesmo poder de controle, o Conselho entendeu em um dos casos estar diante de uma reestruturação societária e no outro, não.

Veja-se o voto do Conselheiro Mércio Felsky no caso Herbitécnica em que o Plenário considerou que a operação não se tratava de uma reestruturação societária:

> "As requerentes alegam que a operação, ora em exame, não acarretará prejuízo à concorrência, considerando que não haverá alteração na estrutura de mercado, tendo em vista que ambas as empresas são controladas indiretamente pela MAB Participações S/C Ltda., portanto, trata-se de unificação entre empresas do mesmo grupo econômico.
>
> [...] O Cade tem sido eloqüente ao decidir pela impropriedade de apresentação das operações que dizem respeito a alterações na configuração interna dos grupos econômicos, cujo resultado não implica em qualquer mudança da estrutura de propriedade acionária.
>
> No presente caso não me parece tão simples assim, pois, conforme os organogramas a apresentados, a unificação pretendida levará o grupo Magan a deter o controle acionário da empresa resultante [...]".
>
> Agora vejam-se trechos do relatório e do voto da Conselheira Lúcia Helena no caso Arno, em que a operação foi identificada como reestruturação societária:
>
> "A Arno S.A. (ARNO) e a SEB Internationale S.A. (SEB) submeteram à apreciação do Cade, com fundamento no art. 54 da Lei n. 8.884/94, em 21 de dezembro de 1998, o processo de compra pela Arno das cotas de duas de suas controladoras, a Prudente Brasil Ltda. e Groupe Seb do Brasil Ltda., incluindo respectivos ativos e passivos. O controle da Arno antes exercido pelas incorporadas passou a ser detido pela Seb Internationale S.A., com 99,8% do seu capital votante e 97,6% do seu capital social.
>
> As requerentes fazem parte do Grupo SEB de origem francesa. No Brasil, o Grupo Seb controlava as seguintes sociedades: Prudente

do Brasil (ora incorporada pela Arno), Groupe SEB do Brasil (ora incorporada pela Arno) e a própria Arno. No Mercosul inclui-se a SEB da Argentina" (Relatório).

"Resta, portanto, com base nas citadas jurisprudências, o entendimento firmado e pacífico desse conselho de que os atos que envolvam reorganização societária entre empresas do mesmo grupo econômico não se enquadram nas hipóteses previstas no art. 54 da Lei 8.884/1994. Isto posto, não conheço do presente ato" (voto).

Nota-se, a partir de exemplos como esse, que aquele critério para a apresentação de reestruturações societárias que podia ser extraído da jurisprudência anterior, segundo o qual as operações de reestruturação societária que prescindiam da aprovação do Cade para terem eficácia eram aquelas realizadas entre empresas submetidas a um controle comum, foi com o tempo se tornando uma figura controvertida, devido principalmente à falta de um trabalho adequado de fundamentação.

Assim, tem-se que, durante esse período, o Cade considerou como reestruturações societárias[91] as mais diversas espécies de operações que foram apresentadas. Por exemplo: aumento da participação acionária de uma empresa que já detinha a outra metade das ações (AC 177/97 – caso Unigel decidido por unanimidade em junho de 1998,[92] e AC 08012.005760/98-18 – caso Perez Companc), e incorporação realizada entre empresas que já cooperavam entre si, mas que eram indiretamente controladas por grupos diferentes (AC 135/97 – caso Polibrasil – votado em agosto de 1998).

Concomitantemente, percebe-se em um grande número de casos uma busca de conformidade com relação aos precedentes do primeiro período, que passaram a fazer as vezes de "jurisprudência consolidada do Conselho". Nesse sentido: AC 08012.003407/99-10 (caso Dura), AC 08012.08448/97-12 (caso TAM), AC 08012.009887/98-61 (caso Innova), AC 08012.004809/00-66 (caso Baxter), AC 08012.000704/00-56 (caso Akros), AC 53500.000195/99 e 53500.000378/99 (caso UGB).

[91] Ou reorganizações societárias, pois, conforme visto anteriormente, esses conceitos eram usados indistintamente durante essa época.

[92] "Ementa: Ato de concentração. Reorganização societária. Aquisição de 50% do capital social da Companhia Brasileira de Estireno-CBE, pela Unigel, que já detinha 50%. Hipótese prevista pelo § 3.º do artigo 54 da Lei 8.884/94. [...] Aprovação sem condições."

Dentro dessa segunda corrente encontram-se casos em que se procura restringir a noção de reestruturação societária à noção correspondente às operações analisadas nos *leading cases* do primeiro período. Com efeito, quando provocado a estender a desobrigação de apresentação a todas as hipóteses em que não haveria modificação na estrutura de mercado, o Cade por vezes se posicionou no sentido da limitação das hipóteses sobre as quais é possível dizer, de plano, não se enquadrarem no art. 54, sem que o Cade precisasse se manifestar nesse sentido.

Veja-se, por exemplo, o voto da Conselheira Lucia Helena no AC 71/96 (caso Electrolux):

> "As requerentes argumentam que a operação não resultou em aumento do índice de concentração, porque Electrolux e Refripar atuam em mercados distintos no Brasil e que a situação ora examinada é semelhante às analisadas pelo Cade nos ACs 20/94 e 07 a 10/94. [...] A jurisprudência firmada pelo Cade com a decisão do AC 20/94 e confirmada por ocasião da apreciação dos ACs 07 a 10/94 trata de situação bastante diversa da presente, uma vez que o que está em exame é a mudança de controle acionário de uma determinada empresa consubstanciada na aquisição por um grupo independente que, até então, poder-se-ia considerar um potencial concorrente, enquanto naquela ocasião o que considerou-se não enquadrar nas hipóteses elencadas no art. 54 da Lei 8.884/94 foram as operações que envolvem a incorporação de uma empresa pela sua controladora ou por uma outra empresa do mesmo grupo [...]" (maio de 1997).

Ou ainda o voto do Conselheiro Afonso Arinos no AC 008012.010837/99-71(caso Procomp):

> "A jurisprudência do Cade tem sido mais estrita na classificação do que é ou não uma reorganização societária e vem entendendo que mesmo a saída de um sócio e compra de sua participação pelos sócios remanescentes constitui um Ato de Concentração uma vez que pode alterar a forma pela qual a empresa atua no mercado" (em janeiro de 2001).

Tem-se, portanto, que esse período representa um retrocesso na jurisprudência do Cade em termos da segurança jurídica proporcionada aos administrados. Afinal, o critério identificado no primeiro período perde consideravelmente seu significado, na medida em que se torna controvertido e incapaz de cumprir sua função norteadora.

2.2.3 *Nova tentativa de formação de um entendimento consolidado: o desafio da construção de um novo critério*

Conforme já foi dito anteriormente, 2002 foi um ano-chave na discussão da análise de reestruturações societárias feita pelo Cade. Da análise específica feita anteriormente de alguns aspectos importantes da jurisprudência sobre o tema, percebe-se que a partir de 2002 houve uma evolução, tanto no que diz respeito à busca de precisão conceitual na matéria quanto à proximidade de um consenso referente à postura a ser adotada pelo Cade diante da apresentação de operações que sejam identificadas como reestruturações societárias.

Com efeito, durante o final do ano de 2002 e ao longo de todo ano de 2003, percebe-se que há um esforço contínuo do Conselho em melhor definir a questão. O Cade aprimora o entendimento de que reestruturações societárias simplesmente não devem ser conhecidas, mediante, basicamente, a busca de um conceito de reestruturação societária e da definição das espécies que precisam ser apresentadas ao Cade, dando assim prosseguimento ao trabalho proposto no caso Loducca.

Nesses termos, tem-se que, em segundo semestre de 2002, pouco depois da votação do caso Curt Alex, o Conselheiro Fernando Marques cuidava de "calibrar" o novo entendimento do Conselho, afirmando a necessidade de combinação de outros critérios com o critério do fato de a operação se tratar de mera substituição de *players*, para evitar a hipótese de uma operação relevante do ponto de vista concorrencial deixar de ser apresentada ao Cade.

> "[...] atesto a necessidade de se aliar outro critério que, seguramente, afaste a hipótese de uma operação relevante não ser apresentada ao Cade sob a justificativa de se tratar de simples alteração de *players*. O critério, a meu ver, necessário para verificar a adequação, ou não, da operação ao art. 54 e seu § 3.º, é o faturamento ou volume de negócios, no Brasil, dos partícipes do ato de concentração" (AC 08012.002875/2002-99).[93]

A postura do referido Conselheiro foi a mesma diante de um caso envolvendo a apresentação de uma operação identificada como reorganização societária:

> "A jurisprudência do Cade já consagrou o entendimento de que operações que envolvam apenas reorganização societária, ou seja, em

[93] No mesmo sentido, ver AC 08012.004181/2001-1.

que as empresas envolvidas na operação pertencem a um mesmo grupo econômico, sob controle direto ou indireto de uma só 'empresa-mãe' não se subsumem ao art. 54 da Lei 8.884/94 e, por isso, não devem ser apresentadas ao SBDP.

[...]

Ressalte-se, entretanto, que somente nesses casos específicos ficou reconhecida hipótese em que não é obrigatória a apresentação da operação pelo Cade.

[...] Tendo em vista que o controle das concentrações econômicas, em sede da Lei 8.884/94, tem como ponto central os efeitos concorrenciais da transferência de poder decisório entre pólos de decisão já identificáveis no mercado relevante em mercado afim, verifico que não apenas nos casos de reorganização societária inexiste obrigação de apresentação de Ato de Concentração, mas também naquelas operações onde ocorra a *consolidação da participação de um Grupo no capital social de uma empresa da qual já era controlador*. Quando a reestruturação do quadro societário de uma empresa não envolva novos acionistas e não gere alteração no poder determinante, essa operação não será capaz, mesmo que potencialmente, de gerar efeitos anticoncorrenciais" (AC 08012.004585/2002-80 – caso High Voltage – em dezembro de 2002).

Faz parte desse mesmo esforço a distinção proposta pelo Conselheiro Fernando Marques entre reestruturação societária sem alteração de controle, reestruturação societária com alteração de controle e reorganização societária já mencionada. Com efeito, por essa classificação, adapta-se a idéia inicial segundo a qual se afirmava em caráter absoluto que reestruturações societárias simplesmente não deviam ser conhecidas pelo Cade. De acordo com esse entendimento, devem ser apresentadas as hipóteses de reestruturação societária que impliquem mudança na estrutura do controle.

É de lamentar que, nos anos seguintes, a questão em torno do efeito antitruste das reestruturações societárias não tenha conseguido se manter entre os tópicos intensamente debatidos em plenário. Isso certamente contribuiu para que o esforço de precisar os termos e consolidar os entendimentos sobre a matéria verificado a partir de 2002 não tenha tido continuidade nos anos posteriores. Com efeito, os casos julgados a partir de 2004 raramente fazem referência a qualquer dos pontos intensamente debatidos em plenário nos anos anteriores.

Em 2006, constata-se novamente um esforço de uniformização de entendimentos na tentativa de, mais uma vez, sinalizar aos particulares a desnecessidade da apresentação de determinadas operações que apenas sobrecarregam o SBDC. Nesse momento, as menções à jurisprudência do Conselho voltam a surgir com alguma freqüência nos votos. Contudo, tais referências não dão conta de resgatar o debate em sua completude, limitado-se, no mais das vezes, a aludir a algumas decisões favoráveis ao entendimento adotado em determinado caso como jurisprudência consolidada do Conselho, a exemplo do que acontecia no período anterior.

PARTE III

HIPÓTESES DE REESTRUTURAÇÃO SOCIETÁRIA QUE DEVEM SER APRESENTADAS AO CADE

3.1 Alguns pontos de partida

Do que se viu até agora podem-se extrair algumas noções que servirão de base para a tarefa de determinar as hipóteses de reestruturação que devem ser apresentadas ao Cade. Com efeito, ao longo deste trabalho, foi possível identificar alguns preceitos básicos sobre os quais pode-se presumir haja algum consenso entre os estudiosos da matéria. Essas noções formam aquilo que se pode chamar de "pequeno núcleo de certezas" envolvendo a questão das reestruturações societárias e já apareceram, de alguma maneira, em outras partes deste trabalho. Tanto da análise da relação adequada que se deve estabelecer entre direito societário e direito da concorrência quanto da pesquisa relativa à jurisprudência do Cade pode-se extrair pelo menos uma certeza.

Ao tratar da relação entre direito societário e direito da concorrência, constata-se que a perspectiva societária do problema é distinta da perspectiva concorrencial que, por sua vez, envolve uma consideração mais intensa da realidade. Nessa mesma linha, verifica-se que há certo consenso em torno da idéia de que muitos conceitos de direito societário não são adequados à análise antitruste de operações envolvendo sociedades previamente vinculadas e de que, por isso, o direito societário não é suficiente para a solução do problema. Assim, não acarretaria muitos protestos, por exemplo, a afirmação segundo a qual as noções societárias de controle e de grupos de sociedade, por estarem vinculadas a objetivos próprios do direito societário, não se prestam, ou melhor, não bastam, à análise concorrencial de reestruturações societárias.

Nesse sentido, tem-se, portanto, como ponto de partida a idéia de que a análise concorrencial de reestruturações societárias deve ter contornos próprios, distintos da perspectiva societária, ainda que desta se consiga retirar alguns elementos que se mostrem úteis à análise antitruste.

Essa premissa teórica, sobre a qual chega a ser evidente o consenso, não consegue, contudo, ir muito além do estabelecimento da metodologia adequada para uma análise concorrencial de reestruturações societárias, que, aliás, foi o que se procurou traçar na primeira parte do trabalho. É que, afora a concordância em torno da impropriedade da adoção da perspectiva societária nesse tipo de análise, não há muito mais o que dela se extrair.

Essa premissa limita-se a evidenciar a abordagem inadequada à questão da análise concorrencial de reestruturações societárias e a apontar, sem maiores detalhes, aquela que seria a abordagem adequada: uma análise concorrencial com contornos próprios. Dessa premissa não se extrai, portanto, nenhuma pista sobre quais seriam esses contornos, ou seja, sobre como se daria a abordagem concorrencial da questão.

Essa falta de detalhamento é, em grande medida, a responsável pelo consenso que levou à identificação desse ponto de partida e, por isso, acaba sendo importante pelo potencial agregador que representa e que é extremamente útil no início da discussão da questão. Entretanto, essa premissa sozinha ainda deixaria quase todo o tema da análise concorrencial de reestruturações societárias por ser discutido.

Nesse ponto, a jurisprudência do Cade se revela uma fonte promissora de outros pontos de partida, alguns dos quais menos genéricos do que este primeiro. Isso porque, apesar da reinante incerteza sobre o tema nas decisões do Cade, é possível identificar algum consenso na jurisprudência sobre determinados pontos da matéria, o que evidencia a existência de alguma facilidade de acordo sobre certos aspectos da questão.

Esse é o caso, por exemplo, da definição do que é uma reestruturação societária. Com efeito, conforme foi visto, trata-se de tema bastante controverso no Cade, que, desde a edição da Lei 8.884/1994, adotou diversas definições nem sempre compatíveis entre si do que caracteriza uma operação como uma reestruturação. Não obstante esse fato, é possível identificar uma postura que se repetiu ao longo de todos esses anos sem sequer ser questionada. Trata-se do entendimento segundo o qual as operações envolvendo empresas que estão submetidas ao mesmo poder de controle, é dizer, empresas que são controladas pela mesma empresa ou pela mesma pessoa, são reestruturações societárias.

A jurisprudência do Cade é, de fato, uníssona nesse sentido: conforme já constatado, em todos os casos analisados, quando esteve diante de operações desse tipo, o Conselho não hesitou em defini-las como reestruturação ou reorganização societária, a depender da época e do Conselheiro.[94]

[94] Essa foi a postura adotada em todos os votos pesquisados em que essa situação se apresentava, à exceção de um caso (AC 08012.002611/98-55) que apenas confirma a regra: AC 08012.08448/97-02, AC 08012.009887/98-61, AC 08012.010081/98-15,

Ora, isso permite que se diga com bastante segurança que, pelo prisma do direito antitruste, operações envolvendo apenas empresas submetidas a um controle comum são reestruturações societárias, colocando assim um elemento de certeza em um campo pouco pacífico entre os estudiosos do assunto, como é o da definição do que é uma reestruturação societária.

Por certo que essa segurança é fruto de uma opção feita em vista do objetivo declarado deste trabalho, que é providenciar uma solução eficaz para o problema prático atualmente vivido pelo Cade. Evidentemente que a postura do Cade relativa a uma dada questão não tem por si só ares de verdade absoluta apenas por se tratar da jurisprudência do Cade. Pelo contrário, as decisões do Cade podem e devem ser discutidas independentemente do fato de estarem há muito consolidadas. Ocorre que, no caso em tela, há que se ter em vista que se pretende propor uma solução passível de ser adotada pelo Conselho na determinação das hipóteses de reestruturação societária que lhe devem ser apresentadas. Desta forma, seria contraproducente atacar os escassos pontos de certeza que já existem sobre o tema no âmbito do Conselho, com a pretensão de tudo construir, em vez de aproveitar o que já existe e tornar assim qualquer proposta que se faça mais compatível com a realidade do sistema.

Além disso, apenas a título de esclarecimento, cumpre ressaltar que a idéia ora encampada, de que as operações envolvendo exclusivamente empresas submetidas a um controle comum são reestruturações societárias, também é majoritariamente adotada pela escassa doutrina sobre o tema, que, aliás, é citada pelo Conselho em seus votos, e não apenas, isoladamente, pelo Cade.

Afora isso, outro tema sobre o qual foi possível identificar algum consenso presente na jurisprudência do Conselho diz respeito à fonte do possível impacto concorrencial presente em operações de reestruturação societária. Com efeito, nota-se que decisões tomadas pelo Cade, em diferentes épocas, e nos mais diferentes sentidos, parecem convergir em um ponto: tratando-se da análise de reestruturações societárias, é a mudança na maneira pela qual são tomadas as decisões importantes dentro das empresas envolvidas que interessa ao direito da concorrência.

Conforme se passa a demonstrar, essa idéia geral, de fato, está por trás dos mais diversos posicionamentos tomados pelo Conselho ao longo do tempo.

AC 08012.003407/99-10, AC 08012.004809/00-66, AC 08012.000704/00-56, AC 08012.0007069/2001-45, AC 08012.004446/2001-75, AC 08012.000125/02-27, AC 08012.006048/2001-93, AC 08012.005115/2000-71, AC 08012006302/2002-34, entre outros.

Assim, por exemplo, ao analisar operações que envolviam a consolidação do controle que uma empresa exercia em outra, o Cade, independentemente de identificar a operação como uma reestruturação societária, e independentemente de conhecer ou não do ato apresentado, sempre deu a entender que o importante era verificar se ela implicava alguma mudança na relação de poder interna à empresa, capaz de alterar a maneira pela qual os negócios vinham sendo conduzidos.

Nos casos em que a operação é conhecida e aprovada, por entender o Conselho que não há riscos para a concorrência, é comum que no voto conste um trecho similar ou equivalente aos que seguem, como fundamento do enquadramento da operação no art. 54 da lei antitruste:

> "[...] considero que a presente operação se enquadra no *caput* do artigo 54, tendo em vista o potencial dano à concorrência que pode ser gerado quando ocorre a venda de participação acionária para o sócio remanescente, ocasionando o fim da administração partilhada entre dois agentes independentes [...]" (AC 08012.008573/2002-24 – Cons. Thompson Andrade, em março de 2003).
>
> "Considerando que o Grupo EQT possuía 50% das quotas e que os poderes de administração e gerência da Duni incumbiam igualmente a ambos os grupo (Bonnier e EQT), não detendo o grupo adquirente o controle exclusivo da sociedade, claro está que, após a transação, todas as estratégias serão determinadas e monitoradas sob os ditames do controlador, podendo inclusive a nova composição afetar significativamente as estruturas do mercado relevante concorrencial, não restando dúvidas quanto à subsunção do ato à descrição hipotética do artigo 54 da Lei Antitruste" (AC 08012.006397/2001-13 – Cons. Roberto Pfeiffer, em fevereiro de 2002).

Esses trechos indicam que, de acordo com a jurisprudência do Cade, se há algum impacto concorrencial resultante de operações de consolidação de poder acionário que possa justificar a apresentação desse tipo de operação, esse impacto é fruto de alguma mudança na administração da companhia que a operação possa acarretar. Essa conclusão também pode ser extraída dos argumentos que fundamentam a decisão pela aprovação desse tipo de operação:

> "No entanto, antes da presente operação, a Phelps Dodge Corporation já detinha 60% de participação no capital da empresa. Esta expressiva participação preexistente à operação já permitia ao grupo

Phelps Dodge exercer influência sobre a administração da Alcoa Fios e Cabos Elétricos S.A., inclusive sobre sua política comercial. Sendo assim, entendo que o Ato em tela não acarretou qualquer alteração nas relações de concorrência no mercado de cabos conectores para centrais telefônicas, razão pela qual o aprovo sem restrições" (AC 08012.000434/2001-71 – Cons. Thompson Andrade, em abril de 2001).

Por seu turno, a não-subsunção das operações que envolvam a consolidação de controle acionário ao art. 54 é defendida com base no argumento de que esse tipo de operação não acarreta mudança alguma na dinâmica do controle da companhia e, conseqüentemente, não pode acarretar mudança alguma na dinâmica da concorrência no mercado relevante.[95]

Percebe-se, portanto, que a divergência que existe na matéria, tratando-se da análise de operações de consolidação de controle acionário, reside na dúvida sobre se esse tipo de operação tem o condão ou não de afetar a dinâmica interna do controle da empresa. Mas, ainda que para alguns haja essa possibilidade e para outros não, todos estão de acordo com a idéia de que a alteração na dinâmica interna do controle pode afetar a concorrência. Por isso, aqueles que enxergam nesse tipo de operação essa possibilidade entendem que ela se enquadra no art. 54, e os demais não.

A mesma conclusão pela importância atribuída à análise de possíveis alterações na dinâmica do controle interno da empresa se repete quando se analisam as decisões nos casos de operações que dizem respeito à aquisição de participação minoritária, e as posições divergentes nos casos de operações que envolvem investimentos feitos no formato de *privaty equity.*

Isso fica claro no que tange à análise de operações relativas à aquisição de participação minoritária, a partir da leitura de um trecho do voto do Conselheiro Marcelo Calliari proferido no AC 08012.006375/98-42, em maio de 1999:

> "A decisão do AC n. 08012.005760/98-18 (Perez Companc e Innova), por exemplo, ressaltou que 'o Cade tem incluído entre os atos referidos no § 3.º aqueles que afetam a dinâmica do controle interno da empresa, desde que preenchidos, evidentemente, os requisitos ou de faturamento ou de participação no mercado'. Mais adiante, destacou que 'não se refere também a participações numéricas específicas no capital social, mas sim ao impacto sobre a dinâmica do controle'.

95 Ver por exemplo: AC 08012.007497/2003-11, AC 08012.006632/2003-19 e AC 08012.004491/2003-91.

Assim, aquisições de participações mesmo minoritárias, mas que implicaram alteração na dinâmica do controle foram submetidas, conhecidas e apreciadas pelo Cade".

No caso das operações envolvendo investimento no formato *privaty equity,* em que as divergências em torno da subsunção da operação ao art. 54 são mais constantes, também se percebe que, apesar da existência de posições contrárias no que diz respeito à necessidade de apresentação desse tipo de ato, todos concordam quanto à pertinência do interesse antitruste pelas operações que possam levar uma empresa – ou um fundo de investimentos ou uma instituição financeira – a influenciar a tomada de decisões sobre matérias estratégicas referentes à gestão dos negócios de uma outra empresa, interferindo assim na dinâmica do controle. A divergência aqui concerne, a exemplo do que ocorreu nos casos de consolidação de controle, à existência de opiniões distintas sobre a possibilidade de investimentos no formato *privaty equity* produzirem esse efeito.

Ilustram bem essa conclusão os seguintes trechos de votos proferidos sobre o tema:

> "Ao estabelecer essas regras de isenção, considerou o i. Conselheiro que operações de investimentos no formato de *privaty equity* podem gerar alterações significativas no mercado, uma vez que, ao adquirir certa participação no capital de uma empresa, ou de poderes de direção (sejam eles positivos ou negativos, vinculados ou não à posição acionária), um fundo pode influir nas estratégias comerciais de uma companhia, de modo a prejudicar competidores e consumidores, tendo em vista a maximização de seus lucros. Considerou ainda que, no caso de o fundo já participar do capital de outra empresa operando no mesmo mercado, poderá ele aumentar, com a aquisição, seu poder de mercado e dar causa à redução das quantidades ofertadas" (AC 08012.005871/2001-81 – Cons. Thompson Andrade referindo-se a voto do Cons. Ronaldo Macedo, em janeiro de 2003).
>
> "Em geral, os fundos de *privaty equity* não adquirem participações que se desdobram em controle da empresa investida. Mesmo que se considere que participações pequenas são capazes de alterar o comportamento comercial de uma empresa, é importante analisar a extensão dos direitos conferidos e exercidos pelos administradores de fundos de *privaty equity*.
>
> Um indicativo de que operações como a apresentada não conferem à empresa adquirente o poder de ingerir diretamente na empresa na

qual investe, mas tão-somente a possibilidade de interferências eventuais necessárias à proteção do capital aportado, pode ser encontrado em restrições legais norte-americanas..." (AC 08012.005871/2001-81 – Cons. Thompson Andrade, em janeiro de 2003).

Esse consenso em torno da relevância, para o direito antitruste, de operações que afetem a dinâmica interna da tomada de decisões de uma dada empresa é extremamente importante. Com efeito, a partir dele tem-se uma noção exata sobre em que parte da matéria devem ser concentrados os esforços de detalhamento que se pretende empreender na determinação das hipóteses de reestruturação societária que devem ser apresentadas ao Cade. Isso porque, partindo-se do pressuposto de que apenas as operações que impliquem alguma mudança na dinâmica do controle interno da sociedade podem produzir um impacto na concorrência que justifique sua apresentação ao SBDC, é possível direcionar melhor os estudos, no sentido de tentar explicitar critérios objetivos que possam captar essa mudança na dinâmica interna do controle da empresa.

Concluindo então esse raciocínio da busca de pontos de partida, tem-se que são três as premissas de que se parte ao tentar determinar as hipóteses de reestruturação societária que devem ser apresentadas ao Cade: (i) os instrumentos fornecidos pelo direito societário são insuficientes para a consecução do objetivo deste trabalho, sendo imprescindível a adoção de uma perspectiva que permita uma consideração mais intensa da realidade econômica; (ii) estão entre as operações de reestruturação societária as operações envolvendo exclusivamente empresas submetidas ao mesmo poder de controle; (iii) apenas têm relevância concorrencial as reestruturações societárias que impliquem alteração na dinâmica interna de poder das empresas envolvidas.

3.2 A definição de reestruturação societária

O primeiro passo no processo de tentativa de determinação das hipóteses de reestruturação societária que devem ser apresentadas ao Cade deve ser identificar o que se entende por reestruturação societária.

Até agora, o termo vinha sendo empregado neste trabalho sem muita precisão, fazendo referência às operações realizadas entre empresas que já estavam de alguma forma previamente vinculadas. Ainda não foram dados maiores detalhes sobre elementos importantes desta afirmação, como o que caracteriza essa vinculação, nem foram acrescentadas outras informações relevantes capazes de tornar mais palpável o que distingue uma reestruturação societária das demais operações realizadas entre empresas no mercado.

Com efeito, da maneira como vinha sendo definida, a noção de reestruturação societária pode englobar desde operações como a fusão de duas empresas que detêm ações preferenciais uma da outra a título do investimento, até a compra e venda de ativos envolvendo empresas que são, ambas, controladas por uma terceira empresa. Portanto, tem-se que a definição empregada até este ponto do trabalho, na verdade, pouco ou nada contribui para determinar o significado do termo reestruturação societária.

Ora, grande parte dessa vagueza pode ser atribuída à presença da noção não especificada de "vínculo preexistente entre duas empresas", no conceito utilizado de reestruturação societária. Trata-se de noção excessivamente imprecisa.

De fato, o que é um vínculo entre duas empresas?

A princípio tem-se que qualquer coisa que estabeleça uma relação entre empresas pode ser considerada um vínculo existente entre elas. Assim, por exemplo, a existência de um sócio em comum (ainda que seja uma pessoa física que detenha 0,01% de participação acionária), a utilização da mesma tecnologia na fabricação de um dado produto, a existência de clientes em comum na cartela de clientes, a realização de investimentos conjuntos, entre inúmeras outras coisas, podem ser consideradas vínculos entre duas sociedades.

Isso posto, claro está que, uma vez feita a opção pela manutenção na noção de reestruturação societária que vinha sendo utilizada até agora, a definição do tipo de vínculo a ser considerado na caracterização desse tipo de operação seria, necessariamente, a primeira medida a dever ser tomada.

Trata-se de uma árdua tarefa, pois corre-se o risco de se esbarrar em alguns obstáculos difíceis de serem transpostos. Isso porque, como são infinitas as formas pelas quais duas sociedades podem vincular-se, e sendo humanamente impossível a tarefa de determinar exaustivamente quais dessas formas de vinculação interessam à caracterização de reestruturações societárias, acaba-se tendo que criar uma ou várias hipóteses genéricas capazes de abarcar as mais diversas formas de vínculo. Tais hipóteses genéricas, dependendo do grau de generalidade que alcançam, podem, por sua vez, não ser úteis enquanto definições capazes de encerrar as dúvidas relativas à necessidade de apresentação desse tipo de operação ao Cade.

O desafio, portanto, é definir reestruturação societária de maneira funcional, fugindo à tarefa de determinar exaustivamente as inúmeras formas de vinculação entre sociedades que poderiam caracterizar as operações realizadas entre elas como reestruturações, sem, contudo, exagerar no quesito generalidade, como se vinha fazendo até agora.

Há pelo menos duas vias possíveis para solucionar esse impasse, cada uma tendendo mais a um dos extremos que se pretende evitar: generalidade e especificidade.

Tendendo à generalidade, é possível optar por definir reestruturação societária de maneira ampla, estabelecendo alguma categoria de vínculo capaz de abranger as mais diferentes situações práticas. Com isso, posterga-se para um segundo momento a tarefa de determinar, dentre as diferentes situações práticas abarcadas pelo conceito amplo de reestruturação adotado, aquelas hipóteses que possam ter um impacto concorrencial que justifique sua apresentação ao Cade.

Ao que tudo indica, essa é a opção constante na proposta de definição das hipóteses de reestruturação societária que devem ser apresentadas ao Cade, feita pelo Conselheiro Ronaldo Macedo, no caso Loducca, no ano de 2002. Veja-se o trecho do voto em que essa questão é abordada:

> "Não existe uma terminologia clara e inequívoca sobre o sentido de uma reestruturação societária. Podemos definir reestruturação societária *lato sensu*, como a operação realizada entre empresas que já possuem algum vínculo estrutural. [...]
>
> Ocorre que o vínculo estrutural prévio que caracteriza as reestruturações societárias de maneira geral pode variar de intensidade, afetando a independência das empresas que participam da reestruturação no que tange à definição de estratégias de investimento, administrativas, de produção, de mercado, etc." (AC 08012.004774/2001-71).

O problema está em saber se a categoria de vínculo escolhida, o vínculo estrutural, é adequada para a caracterização de reestruturações societárias. Tudo indica que sim.

A princípio, ainda que esteja por ser definida a que estrutura o Conselheiro se refere, a noção de uma vinculação estrutural prévia parece bastante compatível com a idéia de uma posterior reestruturação. De fato, em tese, podem-se distinguir as reestruturações societárias dos demais atos de concentração com base na idéia de que a noção de reestruturação envolve ao mesmo tempo a transformação e a manutenção de uma estrutura que já existia. Ou seja, envolve a idéia de que uma situação que está presente sob uma dada forma em um estado inicial siga existindo após sofrer alterações, uma vez realizada uma reestruturação societária.

Considerando-se que o vínculo estrutural pretendido muito provavelmente diz respeito à estrutura de poder da sociedade, e não a sua estrutura física, tem-se que uma vinculação estrutural se consubstanciaria não pelo compartilhamento de ativos (estrutura física), mas, sim, pela presença do poder de uma sociedade decidir ou influenciar a tomada das decisões sobre as matérias fundamentais à gestão dos negócios de uma outra sociedade, em razão de uma dada conformação da estrutura societária.[96]

Percebe-se que não é qualquer poder de decidir ou influenciar a tomada de decisões estratégicas em uma outra empresa que é capaz de caracterizar a existência de um vínculo estrutural. Esse poder deve decorrer de uma dada conformação da estrutura societária, o que faz com que a noção de vínculo estrutural deva ser entendida como um vínculo orgânico, ou societário, que permita razoavelmente presumir que duas ou mais empresas atuam como um único agente no mercado ou cooperam entre si.

Desta feita, o vínculo estrutural a que se refere essa noção de reestruturação societária pode ser um vínculo que se dê tanto por meio de participação acionária de uma empresa na outra como mediante um contrato. O compartilhamento de ativos, bem como outras formas de vínculo que podem ensejar o poder de uma empresa interferir na gestão da outra (como ocorre nas relações de crédito e de fornecimento), não são aqui considerados, pois ensejam a influência ou a determinação da gestão dos negócios da sociedade de maneira meramente de fato, sem nenhum substrato orgânico (societário).

Conforme a definição de vínculo estrutural adotada, a influência ou capacidade de determinar as decisões estratégicas de uma dada sociedade devem ser captadas pela estrutura societária, para que possam caracterizar a operação que ocorre entre as empresas como reestruturação societária.[97] Em outras palavras, é preciso que pelo menos uma das seguintes condições seja preenchida: (i) que uma empresa participe formalmente da estrutura societária de uma outra empresa, já que, na condição de acionista, presume-se que tal empresa terá a possibilidade e o interesse de interferir na gestão da empresa de modo a potencializar os lucros e reduzir os prejuízos; ou (ii) que mesmo sem ter o *status* de acionista, uma empresa possua um elemento representativo dos seus interesses nos órgãos encarregados da tomada de decisões estratégicas de uma dada sociedade, o que também se pode presumir em algumas situações.

Essa escolha do elemento societário (prévia participação acionária) e do elemento contratual (determinados tipos de contrato) como elementos-

[96] Poder que, em tese, também pode advir do compartilhamento de ativos, como se verá.

[97] Sobre isso ver Calixto Salomão Filho, *Direito concorrencial...*, cit., p. 258.

chave para a caracterização de reestruturações societárias possui importantes implicações, tanto práticas como teóricas. A implicação prática traduz-se na facilidade que se passa a ter na identificação de reestruturações societárias, tratando-se, sobretudo, daquelas em que o vínculo é de origem societária, posto que a prévia participação acionária é um fato que pode ser cabalmente comprovado, sem prejuízo, contudo, daquelas em que o vínculo é de origem contratual, visto que é possível especificar com alguma objetividade os contratos a que esse vínculo se refere.

A principal implicação teórica, por seu turno, consiste no fato de que, conforme foi dito, outras formas de vínculo, que, por vezes, podem até ser mais fortes do que a vinculação acionária ou o contrato, são ignoradas. De fato, é preciso refletir se faz mesmo sentido a opção de considerar como reestruturação societária a fusão entre duas empresas em que uma já seja acionista minoritária da outra, e não considerar como reestruturação societária a operação pela qual um credor importante da companhia, que pelo montante da dívida a ser recebido já vinha interferindo de forma significativa na gestão da empresa, adquire ações preferenciais da empresa devedora. Voltar-se-á a esse ponto mais adiante, quando da escolha da definição de reestruturação societária a ser adotada por este trabalho.

O reconhecimento da existência de vínculos estruturais com diferentes intensidades, que também consta no trecho do voto citado, evidencia, por sua vez, a dificuldade que aguarda a tarefa a ser desempenhada no segundo momento, qual seja a determinação das hipóteses de reestruturação societária que devem e que não devem ser apresentadas ao Cade. Com efeito, duas empresas previamente vinculadas nos termos descritos logo acima podem tanto estar muito fortemente vinculadas a ponto de agirem como um único agente econômico no mercado como podem estar vinculadas apenas a ponto de uma influir nas decisões da outra de maneira que elas atuem em cooperação no mercado.

Essa dificuldade criada pela amplitude dessa noção de reestruturação societária, que abrange desde hipóteses de concentração de empresas até hipóteses de cooperação, fica clara no momento seguinte do raciocínio do Conselheiro Ronaldo Macedo. Após identificar um pequeno campo de certeza de desnecessidade de apresentação a partir do conceito de reorganização societária,[98] o Conselheiro pouco pode, no restante de seu voto, avançar no

[98] Nas palavras do Conselheiro: "[...] tipo específico de reestruturação societária, no qual o vínculo estrutural prévio é forte a ponto de afetar a independência das empresas. Ou seja, é o conceito relativo às hipóteses nas quais as empresas que

que diz respeito à análise dos outros casos, que qualifica como *reestruturações societárias stricto sensu.* Vejam-se sobre isso outros trechos do voto:

> "[...] fora esse campo de certeza de não apresentação de operações dado pelo conceito de reorganização societária, há os demais casos de reestruturação societária, que chamaremos de reestruturação societária *stricto sensu*, que pela variedade das operações que abrange gera muita confusão. [...]
>
> Em se tratando de reestruturação societária *stricto sensu*, a operação pode, por vezes, acarretar sim prejuízo à concorrência. Isto posto, é preciso estabelecer critérios para determinar quais hipóteses de reestruturação societária trazem esse risco. Critérios esses que devem começar por excluir da obrigação de apresentação as reestruturações societárias nas quais não houver a transferência de poder de controle. Uma vez que apenas tal transferência caracterizaria a possibilidade de dano à concorrência pela concentração de poder econômico".

Percebe-se que a diferenciação das diversas formas de operação enquadradas residualmente no conceito de reestruturação societária *stricto sensu* depende, de acordo com o próprio Conselheiro, de uma análise detalhada das diversas formas em que empresas estruturalmente vinculadas podem se relacionar. Apenas assim poder-se-iam identificar os diversos graus em que uma empresa é capaz de influenciar ou determinar a tomada de decisões estratégicas de uma outra, para então identificar as alterações nessas relações que podem ter impacto concorrencial a ponto de justificar a submissão de uma operação de reestruturação societária ao Cade.

Sem essa análise mais detalhada, os critérios para determinar as formas de reestruturação societária que merecem atenção concorrencial tornam-se genéricos, a exemplo do critério de verificação de transferência de poder de controle,[99] a que chega o Conselheiro em seu voto, critério este que, apesar de indicar uma direção, não resolve o problema.

Além da consciência das dificuldades a serem enfrentadas, é preciso ponderar que um conceito amplo de reestruturação societária não condiz com uma idéia comumente feita e bastante aceita desse tipo de operação.

---

realizam a operação já estiverem submetidas ao mesmo poder de controle, de tal sorte que as decisões sobre política de mercado e outros setores estratégicos não sejam tomadas de uma maneira independente".

99 A propositura desse critério é mais um reforço da tese defendida acerca do consenso no Cade a respeito do interesse antitruste sobre operações que alterem a dinâmica de poder interna da empresa.

Tal idéia comum consiste em distinguir as operações de reestruturação societária dos demais atos de concentração, justamente entendendo que operações de reestruturação societária não são atos de concentração, mas sim operações realizadas em uma situação específica, a saber: quando as empresas envolvidas fazem parte do mesmo grupo econômico.

Conforme visto na primeira parte deste trabalho, a noção de grupo de sociedade a ser utilizada na análise antitruste de reestruturações societárias deve ser própria ao direito concorrencial, em consonância com os objetivos específicos desse ramo do direito. Ora, nesse caso, considera-se que o grupo de empresas representa uma unidade empresarial e que, portanto, qualquer operação ocorrida exclusivamente entre empresas que dele fazem parte não é um ato de concentração, pois essas empresas já não agiam como agentes econômicos independentes antes da operação. Em outras palavras:

> "Entende-se, dessa forma, que haveria apenas um único pólo decisório, traçando os objetivos gerais do grupo e vinculando as empresas a ele subordinadas. As alterações societárias e administrativas inseridas nesse complexo não têm o condão de alterar as estruturas concorrenciais, nem tampouco os índices de concentração no mercado relevante" (AC 08012.005115/200-71 – Cons. Fernando Marques).

Nesse ponto, já se começa a falar na segunda via pela qual se poderia solucionar o impasse entre generalidade e especificidade mencionado anteriormente. Trata-se da via que tende à especificidade. Por esse caminho, em vez de optar pela definição de uma categoria geral de vínculo que caracterizaria as operações de reestruturação societária, a exemplo do que foi feito no caso Loducca, estabelece-se um tipo específico de operação a ser considerada reestruturação societária.

Nesse caso, o tipo específico escolhido costuma se dar com base naquela hipótese da segunda premissa de que parte este trabalho: a de que as operações envolvendo exclusivamente empresas submetidas ao mesmo poder de comando são, sem dúvida, operações de reestruturação societária. Por essa via, define-se reestruturação societária como as operações realizadas entre empresas do mesmo grupo econômico, entendendo-se por grupo econômico aquele formado por empresas submetidas a um mesmo poder de comando.

A principal vantagem dessa definição é que ela reduz consideravelmente o problema da determinação de quais as hipóteses de reestruturação societária devem ser apresentadas ao Cade. Isso porque, diante do fato de que as empresas já agiam e continuarão agindo como um único agente econômico no mercado – porque controladas pela mesma empresa –, é fácil defender a razoabilidade da presunção de inexistência de impacto concorrencial resultante desse tipo de operação. Basta que se justifique a razoabilidade da desconsideração da influência que eventuais acionistas minoritários poderiam exercer sobre os negócios das empresas, já que esta, sim, pode ser alterada nesse tipo de operação, ainda que o controle permaneça o mesmo, para que esteja justificada a desnecessidade de apresentar essa espécie de operação.

Há, entretanto, uma importante desvantagenm na adoção dessa definição. Essa desvantagem consiste no fato de que esse tipo de operação abarcada pela adoção de um conceito muito específico de reestruturação societária responde apenas por uma pequena parcela dos casos indevidamente apresentados ao Cade. Dessa forma, a adoção desse conceito teria efeitos limitados no sentido de evitar a apresentação desnecessária de operações ao Cade.

Portanto, consideradas as vantagens e desvantagens de ambas as definições cogitadas, prevalece neste trabalho a opção pela definição mais ampla de reestruturação societária, adotando-se ainda a existência de um vínculo estrutural prévio como critério caracterizador desse tipo de operação. Essa decisão é tomada com base nas maiores potencialidades que esse tipo de definição parece apresentar, tratando-se não somente dos maiores benefícios práticos que essa definição pode apresentar, como também no que diz respeito à superação das dificuldades que a ela são inerentes.

No que tange às dificuldades, entende-se que é possível defender a adoção do critério do vínculo estrutural em detrimento de outros tipos de vínculo, ainda que estes possam ocasionalmente ser mais fortes, por dois motivos: um eminentemente prático e outro de ordem teórica.

O motivo de ordem prática tem como base a dificuldade engendrada na consideração desses outros vínculos na análise antitruste (como provar, por exemplo, que o credor influencia decisivamente a gestão dos negócios da empresa devedora?), sobretudo tratando-se da elaboração de critérios que determinem, *a priori*, operações que não devem ser apresentadas ao Cade. Nesses termos, ainda que, teoricamente, operações em que duas empresas estejam fortemente vinculadas por outros tipos de vínculo que não o estrutural possam ser consideradas reestruturações societárias – por também implicarem a prévia influência ou determinação das decisões estratégicas de uma dada companhia por outra –, não faz sentido enquadrá-las na definição de reestruturação societária visando a proporcionar-lhes um tratamento diferenciado pelo Cade, se depois, na prática, essas operações não conseguirão ser identificadas a fim de receber tal tratamento.

Além disso, considerando o motivo de ordem teórica, vale lembrar que o problema em torno da análise antitruste de reestruturações societárias envolve a definição de critérios para que seja feito o controle das estruturas referentes às operações de reestruturação societária, e que, portanto, logicamente, é a constatação de um vínculo estrutural (duradouro) que deve ser levada em conta. Nesses termos devem as demais formas de vinculação entre agentes econômicos ser objeto exclusivamente do controle das condutas.

Ainda no âmbito das dificuldades, entende-se também que o fato de essa noção mais genérica de reestruturação societária não estar em consonância com uma noção bem aceita do termo (a noção mais específica) pode de certa forma ser compensado pela circunstância de que o Cade nunca conseguiu adotar uma posição consolidada na matéria.

Finalmente, entende-se também que as vantagens que resultariam da adoção do conceito mais restrito de reestruturação societária não são totalmente perdidas com a adoção da definição mais ampla, posto que se mantém a facilidade da defesa da presunção segundo a qual operações realizadas entre empresas pertencentes ao mesmo grupo econômico, ou seja, sujeitas ao mesmo poder de comando, são reorganizações societárias que não devem ser apresentadas ao Cade. Apenas cria-se, com relação às demais formas de reestruturação societária enquadradas na definição adotada, a tarefa de elaborar critérios que permitam e justifiquem a razoabilidade da adoção desse mesmo tipo de presunção, para determinar quais têm o potencial de prejudicar a concorrência e devem ser apresentadas ao Cade.

3.3 As hipóteses de reestruturação societária que devem ser apresentadas ao Cade

Tendo esclarecido o que cumpria esclarecer no que tange à definição de reestruturação societária, resta determinar quais as hipóteses de reestruturação societária devem ser apresentadas ao Cade. Para tanto, tratando-se de uma questão que se apresenta também para outros sistemas de defesa da concorrência ao redor do mundo, e não apenas para o SBDC, é interessante analisar primeiramente as diferentes soluções encontradas por aqueles que tradicionalmente exercem maior influência no sistema brasileiro: o sistema americano e o sistema europeu.

3.3.1 As experiências estrangeiras

3.3.1.1 O sistema americano

A disciplina referente à análise dos atos de concentração no sistema americano encontra-se no art. 7.º do *Clayton Act*, que veda a realização de operações que possam resultar em substancial restrição à concorrência ou tender a criar um monopólio. O referido dispositivo prevê para as empresas que pretendam adquirir direta ou indiretamente ações ou ativos de outro agente econômico a obrigação de uma notificação pré-concentração às autoridades de defesa da concorrência, mas estabelece um rol de transações que estariam isentas dessa obrigação.

De acordo com o texto do próprio artigo:

> "As seguintes classes de transações são isentas dos requerimentos desse artigo:
>
> (1) aquisições de mercadorias ou bens imóveis transferidos no curso normal do negócio;
>
> (2) aquisições de títulos, hipotecas, *deeds* of *trust*, ou outras obrigações que não sejam ações com direito a voto;
>
> (3) aquisições de ações com direito a voto de uma pessoa jurídica na qual o adquirente detenha no mínimo 50% (cinqüenta por cento) das ações com direito a voto, anteriormente à aquisição;
>
> (4) transferência de uma ou para uma Agência ou Estado Federal, ou alguma subdivisão política sua;
>
> (5) transações especificamente isentas das leis antitruste de defesa da concorrência, por lei federal;
>
> (6) transações especificamente isentas das leis antitruste de defesa da concorrência, por lei federal, se aprovada por um órgão público federal autônomo, se cópias de toda a informação e documentos arquivados no referido órgão público estiverem, atualizados, arquivados junto à Federal Trade Commission e ao Procurador-Geral Adjunto;
>
> (7) transações que requeiram aprovação de órgão público sob o artigo 146 a (e), do Título 12, artigo 1.828 (c), do Título 12, ou artigo 1.842 do Título 12;
>
> (8) transações que requeiram aprovação de órgão público sob o artigo 1.843 do Título 12, ou artigo 1.464 do Título 12, se cópias de toda informação e documentos arquivados no referido órgão público estiverem atualizados e arquivados junto à Federal Trade Commission e ao Procurador-Geral Adjunto, pelo menos 30 (trinta) dias antes da transação proposta;

(9) aquisições exclusivamente com o propósito de investimento, de ações com direito a voto, se, como resultado de tal aquisição, as ações adquiridas ou detidas não excederem 10% das ações com direito a voto do emissor no mercado;

(10) aquisições de ações com direito a voto, se, como resultado de tal aquisição, as ações com direito a voto adquiridas não aumentarem, direta ou indiretamente, a percentagem de ações com direito a voto do adquirente no mercado;

(11) aquisições com propósito exclusivo de investimento, por qualquer banco, associação bancária, *trust company*, companhia de investimentos, ou companhia de seguros, de (A) ações com direito a voto consoante um pano de concordata ou dissolução; ou (B) ativos no curso normal de seus negócios; e

(12) outras aquisições, transferências ou transações, que devam ser isentas de acordo com o parágrafo (d) (2) desse artigo".[100]

Esse último item do artigo faz referência a um dispositivo segundo o qual a Federal Trade Commission (FTC) poderá:

> "(B) isentar, dos requerimentos deste artigo, categorias de agentes econômicos, aquisições, transferências e transações que provavelmente não infrinjam as leis de defesa da concorrência".[101]

Tem-se, portanto, que, além das hipóteses de isenção já previstas na lei, a FTC tem competência para criar outras, na medida em que entenda existirem outras categorias de operações que *provavelmente* não prejudiquem a concorrência. É possível que essa competência seja bastante utilizada para, com base em informações específicas sobre as condições de concorrência em determinados mercados relevantes, isentar da obrigação de apresentação determinadas operações que ocorram nesses mercados, como é da tradição americana.

Desta feita, percebe-se que a solução encontrada pelo sistema americano não é apenas teórica. Com efeito, em vez de trabalhar tão-somente com critérios que se limitem a determinar, por exemplo, que operações que não possam causar impacto concorrencial não devem ser apresentadas, o

[100] Tradução feita por Pedro Dutra, com a colaboração da acadêmica Patrícia Stanzione Galizia (*Revista de Direito Econômico*, n. 22, p. 135-143, jan.-mar. 1996).

[101] Idem.

sistema americano lida com critérios práticos que presumam, por exemplo, ser pequeno o risco de danos à concorrência em determinado mercado, ou pequeno o risco da aquisição de até um certo limite de participação em uma determinada empresa.

A engenhosidade da solução americana encontra-se justamente nessa conjugação de critérios teóricos e práticos, pela qual se consegue estabelecer critérios para a determinação de isenções e de obrigações de apresentação sem recair em excesso de generalidade ou excesso de especificidade. Além disso, é também bastante oportuna a abertura dada para que a FTC estabeleça ela própria outras isenções que entenda pertinentes com base nos problemas enfrentados no dia-a-dia.

3.3.1.2 O sistema europeu

O n. 5 do art. 3.º do Regulamento 139/2004 estabelece três hipóteses de operações que não são consideradas concentrações e que, portanto, não precisam ser notificadas ao sistema europeu de defesa da concorrência. De acordo com o referido artigo:

> "5. Não é realizada uma concentração:
>
> (a) quando qualquer instituição de crédito, ou outras instituições financeiras, ou companhias de seguro, cuja atividade normal inclua transações e negociações com títulos, por sua própria conta, ou por conta de outrem, detenham, a título temporário, participações que tenham adquirido nessa empresa, para fim de revenda desde que tal aquisição não seja realizada numa base duradoura, desde que não exerçam direitos de voto inerentes a essas participações, com o objetivo de determinar o comportamento concorrencial da referida empresa, ou que apenas exerçam tais direitos de voto somente com o objetivo de preparar a alienação total ou parcial da referida empresa ou do seu ativo, ou alienação dessas participações, desde que tal alienação ocorra no prazo de um ano, a partir da data de aquisição; tal prazo pode ser, a pedido, prolongado pela Comissão, sempre que as referidas instituições ou companhias provem que aquela alienação foi razoavelmente possível no prazo concedido;
>
> (b) quando o controlo por uma pessoa mandatada pela autoridade pública por força da legislação de um Estado-membro sobre liquidação, falência, insolvência, cessação de pagamentos, concordata, ou qualquer processo análogo;
>
> (c) as operações referidas no parágrafo 1 (b) forem realizadas por sociedades de participação financeira referidas no Artigo 5 (3)

da Quarta Diretiva do Conselho 78/660/CEE de 25 de julho de 1978, baseada no Artigo 54 n. 3 alínea g, do Tratado e relativas às contas anuais de certas formas de sociedade, sob reserva, no entanto, de que o direito de voto correspondente às partes detidas, exercido designadamente através da nomeação dos membros dos órgãos de direção e fiscalização das empresas em que detém participação, o seja exclusivamente para manter o valor integral desses investimentos, e não para que seja determinado, directa ou indirectamente, o comportamento concorrencial dessas empresas".[102]

Nota-se que no sistema europeu não é feita a opção pelo sistema de criação de rol de isenções estabelecidas pela lei que podem ser complementadas pela autoridade antitruste. Essas três hipóteses de isenções previstas no n. 5 referem-se apenas a alguns casos específicos relativos principalmente à disciplina de investimentos em ações, que o legislador europeu entendeu necessário excluir expressamente da noção de concentração. Não é essa, contudo, a abordagem que prevalece no âmbito do sistema europeu.

O enfoque do esforço de determinação das operações que devem ser apresentadas à autoridade antitruste européia é dado à definição das noções de concentração, concentração comunitária, controle e influência relevante. Com efeito, a abordagem européia é mais teórica e genérica, se comparada com a dos EUA, que é bastante prática e enumerativa.

3.3.2 Uma solução para o caso brasileiro

Ao contrário do que acontece com a legislação americana e a legislação européia sobre concorrência, a Lei 8.884/1994 não traz nenhum dispositivo no sentido da presunção de que determinados atos provavelmente não prejudicam a concorrência e estão, assim, isentos da obrigação de serem apresentados ao Cade.

Como se sabe, o art. 54 da Lei 8.884/1994 traz em seu *caput* uma disposição geral de acordo com a qual todos os atos, independentemente da forma pela qual se manifestem, que possam prejudicar a livre concorrência ou resultar na dominação de mercados relevantes devem ser submetidos à apreciação do Cade. Complementando essa regra geral, o § 3.º do mesmo artigo contém uma presunção segundo a qual estão incluídos entre os atos de que trata o *caput* os atos que visem a qualquer forma de concentração econômica, seja por meio de fusão ou incorporação de empresas, seja me-

[102] Versão oficial em língua portuguesa do texto do decreto.

diante a constituição de sociedade para exercer o controle de empresas, ou seja, qualquer forma de agrupamento societário que implique participação de empresa ou grupo de empresas resultante em 20% de um mercado relevante, ou em que qualquer dos participantes tenha registrado faturamento bruto anual no último balanço equivalente a R$ 400.000.000,00.

Não há nada na lei brasileira que se aproxime da lista de isenções do *Clayton Act*, nem da bem definida rede de conceitos-chave (concentração, controle, influência relevante) do Regulamento 139/2004. Daí a necessidade de procurar, por meio de estudos como este, determinar isenções à obrigatoriedade de apresentação para certas categorias de operações. Para tanto, é bastante interessante conhecer os tipos de operação cuja necessidade de apresentação vem sendo objeto de debates dentro do próprio Cade.

Isso é possível graças à pesquisa realizada na jurisprudência do Conselho, abrangendo, em diferentes graus, quase todos os anos da história do Cade a partir de 1994. De acordo com essa pesquisa, pode-se dizer que são as seguintes as operações cuja necessidade de apresentação costuma ser posta em questão no Conselho: (i) consolidação de controle (responde por boa parte desse tipo de discussão); (ii) aquisição de participação minoritária; (iii) aquisição de ações sem direito a voto; (iv) operações envolvendo empresas submetidas ao mesmo poder de comando (reorganizações societárias); (v) substituição de *players* no mercado (principalmente início do período estudado e no ano de 2002); (vi) operações de compra e venda de ações de uma empresa entre seus sócios (que não sejam hipóteses de consolidação de controle, nem de consórcios, que receberão tratamento em separado); (vii) alteração na composição acionária de consórcios; além de outros casos que, por não terem apresentado suficiente expressão quantitativa na pesquisa e por serem muito específicos, não serão incluídos nessa enumeração.[103]

Como se pode perceber, nem todas as operações listadas dizem respeito a reestruturações societárias, tendo em vista a noção de reestruturação societária adotada por este trabalho. Com efeito, não há que cogitar de reestruturação societária ao se tratar, por exemplo, da operação de substituição de *players* no mercado. Nesse caso, inexiste qualquer vínculo estrutural prévio entre as empresas, e o que se debate é a impossibilidade de esse

---

103 Por exemplo, no caso da pouca expressão quantitativa: transformação de associação em sociedade. Não serão abordados neste trabalho operações de investimento no formato *privaty equity* e operações envolvendo a formação de *joint ventures* e consórcios, devido às especificidades contidas em sua análise.

tipo de operação acarretar qualquer forma de concentração econômica, por envolver apenas a entrada de um novo *player* no mercado.

Além desses casos em que a operação definitivamente não é uma reestruturação societária, há, dentre as operações listadas, algumas que, embora não sejam necessariamente reestruturações societárias, por vezes podem o ser. Esse é o caso, por exemplo, da compra de ações preferenciais e de aquisição de participação minoritária.

No que tange a esse tipo de operação, verifica-se que a dúvida com relação à necessidade de sua apresentação costuma não ter nenhuma ligação com a verificação da existência e do grau de um vínculo estrutural prévio, questão inerente à análise de reestruturações societárias, mas sim com a análise de a possibilidade da operação, por si só, representar qualquer risco à concorrência. Nesses casos, o enfoque da discussão está na suposta incapacidade de esse tipo de operação proporcionar condições para que uma empresa passe a influir nos negócios da outra. Incapacidade esta que eliminaria de plano a possibilidade da ocorrência de concentração ou coordenação como resultado da operação e, conseqüentemente, também descartaria a necessidade de análise concorrencial, independentemente da verificação da preexistência de alguma influência.

Por hora, tais operações não serão abordadas. Tratar-se-á apenas das operações que necessariamente são reestruturações societárias: reorganização societária, consolidação de controle, operações entre acionistas de uma empresa.

3.3.2.1 Reestruturações societárias de base societária: reorganização societária, consolidação de controle e operações entre acionistas

Em todos esses três casos, reorganização societária, consolidação de controle e operações entre acionistas, está-se diante de operações de reestruturação societária em que o vínculo prévio possui base societária, ou seja, traduz-se na existência de prévia participação acionária.

Dentre eles, o caso das reorganizações societárias, de longe o mais fácil, é sem dúvida o mais paradigmático, razão pela qual será o primeiro a ser analisado. Uma vez dissecado o paradigma, passar-se-á à análise da hipótese que dele mais se aproxima, a consolidação de controle, para depois, então, tratar dos demais casos de operações entre acionistas e da alteração na composição acionária de consórcios.

Antes disso, cumpre apenas fazer uma observação quanto à relação que há entre as diversas categorias que serão analisadas, posto que a denominação escolhida para se referir a cada uma delas falha ao não explicitar as diferenças existentes entre elas.

Nesses termos, é preciso deixar claro que: (i) entende-se por reorganização societária qualquer operação realizada entre empresas que estejam submetidas a um mesmo poder de comando, ainda que esta operação acarrete a saída de acionistas minoritários e represente a consolidação do controle, por parte do controlador comum, sobre uma dada empresa do grupo;[104] (ii) entende-se por consolidação de controle a operação que ocorre no âmbito de uma única empresa, pela qual seu controlador aumenta a participação acionária na referida empresa; (iii) todas as outras operações realizadas entre acionistas de uma dada empresa serão referidas apenas como operações entre acionistas.

a) Reorganizações societárias

Ora, a respeito dessa categoria de operação, já se sabe que há certo consenso com relação à idéia de que reorganizações societárias não precisam ser apresentadas ao Cade, bem como já foram referidos os principais argumentos que embasam essa convicção. Resta então, agora, apenas retomar tais argumentos.

Conforme mencionado anteriormente, a idéia central por trás da defesa da desnecessidade da apresentação de reorganizações societárias ao Cade é a de que esse tipo de operação não representa uma concentração econômica. Por sua vez, o principal argumento utilizado na defesa dessa idéia salienta que a noção de concentração econômica pressupõe logicamente a existência prévia de centros de poder econômico independentes, o que não ocorre quando se trata de reorganizações societárias.

De acordo com a definição adotada, nesse tipo de operação, as empresas envolvidas já estavam submetidas a um único poder de comando, é dizer, elas já agiam como um único agente no mercado, sem concorrerem entre si, o que afastava a existência de qualquer risco à concorrência que justificasse a mobilização da autoridade antitruste.[105] Nesses termos, ainda

[104] O conceito de grupo aqui utilizado será devidamente precisado ainda nesta parte do trabalho.

[105] Nas palavras de Pedro Dutra: "Ora, a independência das empresas, anterior à celebração do ato de concentração por parte de seus figurantes, é uma condição óbvia não apenas porque somente centros de poder econômico independentes, de empresas ou de grupos de empresas, podem vir a se concentrar, mas porque somente empresas independentes concorrem entre si. E o poder econômico que

que preenchidos os requisitos objetivos do § 3.º do art. 54, esse tipo de operação não deveria ser apresentado ao Cade, pois não estaria entre "os atos que visem a qualquer forma de concentração econômica", aos quais o disposto no § 3.º efetivamente se dirige.[106]

O critério adotado na defesa da desnecessidade da submissão de reorganizações societárias à apreciação do Cade é o seguinte: para que uma operação tenha interesse concorrencial, ela deve ser realizada entre agentes econômicos previamente independentes, de maneira que, após a operação, essa independência seja afetada, podendo assim a concorrência ser prejudicada. O mesmo critério, enunciado negativamente, determina que operações realizadas entre empresas que já agiam como um único agente no mercado não devem ser apresentadas.

Trata-se, como se vê, de critério bastante genérico que ainda deixa diversos pontos por serem definidos. Nesse sentido, algumas das questões que se colocam são, por exemplo, saber o momento exato em que duas empresas deixam de ser independentes e o que caracteriza a atuação de duas empresas como um único agente no mercado. Em outras palavras, se se pretende extrair da análise reorganizações societárias parâmetros de isenção que possam ser aplicados a outras hipóteses de reestruturação societária, é preciso saber qual o limite entre uma situação de dependência e uma situação de independência – já que as empresas se relacionam constantemente no mercado e acabam invariavelmente dependendo umas das outras, em alguma medida, para a realização de negócios –, e quando essa dependência torna desnecessária a análise antitruste realizada entre as empresas "dependentes".

No caso das reorganizações societárias, a preocupação com a definição do limiar entre dependência e independência é negligenciada porque a

---

mobiliza os órgãos de defesa da livre concorrência é aquele cujo abuso poderá afetá-la. Vale dizer, o poder econômico, de duas empresas ou grupos de empresas, anteriormente independentes (*two or more previously independent undertakings*), que, ao se concentrar, poderá, como demonstra a experiência, impedir, excluir ou reduzir a concorrência existente ou potencial" (Poder econômico: concentração e reestruturação, *Revista do Ibrac*, n. 4, p. 9-30).

[106] Novamente Pedro Dutra: "Assim, deve-se afastar o entendimento no sentido de os índices – 20% do mercado relevante onde atue a empresa ou grupo de empresa, ou R$ 400.000.000,00 de faturamento bruto anual de qualquer um dos participantes no ato jurídico – alcançarem empresas ou grupo de empresas que celebrem atos jurídicos de incorporação, fusão, etc., mesmo que tais atos não importem em concentração de poder econômico – isto é, não sejam atos de concentração" (Idem).

submissão ao mesmo poder de comando claramente caracteriza aos olhos de todos uma situação de dependência. O problema costuma ser colocado apenas, em se tratando das demais reestruturações societárias, quando surge a necessidade de estabelecer um parâmetro objetivo para verificar a independência das empresas envolvidas na operação de maneira a tornar viável o emprego desse critério.

O curioso é que, na verdade, a questão de saber o que caracteriza uma situação de dependência capaz de afastar a necessidade de submissão de uma operação ao Cade também se coloca quando se trata das reorganizações societárias. Afinal, mesmo cuidando-se de hipótese em que a dependência entre as empresas é clara, essa dependência tem que ser auferida de alguma forma.

De fato, essa certeza quanto à dependência das empresas só pode ser obtida mediante a escolha teórica de um critério objetivo para a aferição dessa dependência. É dizer, na verdade, por trás da aceitação geral da idéia de que empresas submetidas ao mesmo poder de comando não são independentes, é preciso que haja também uma presunção bem aceita do que caracteriza essa submissão ao mesmo poder de comando e, tratando-se do estabelecimento de critérios *a priori* de isenções da obrigação de apresentação desse tipo de operação ao Cade, é necessário também que essa submissão seja passível de fácil verificação prática.

Assim, cuidando-se de reorganizações societárias, costuma-se entender que estão submetidas ao mesmo comando, agindo assim como um único agente no mercado, as empresas que estão submetidas ao mesmo poder de controle. Controle esse que, cumpre acrescentar, é aferido pelo Cade por meio da propriedade das ações com direito a voto[107] de uma dada empresa no capital social das outras. De acordo com definição recorrente no Cade:

> "Reorganização societária ocorre quando as empresas envolvidas na operação pertencem a um mesmo grupo econômico, sob controle direto ou indireto de uma só empresa-mãe" (Atos de Concentração 53500.006612/2002, 08012.005115/2000-71 e 08012.004585/2002-80).

Nesse ponto, toda a preleção feita na primeira parte deste estudo, segundo a qual os instrumentos fornecidos pelo direito societário são insu-

---

[107] É comum que constem nos votos quadros acionários das empresas comparando as participações acionárias de antes e depois da operação. Permanecendo a maioria das ações na posse do mesmo acionista ou dos mesmos acionistas, conclui-se que não houve alteração no poder de controle.

ficientes para a consecução do objetivo deste trabalho, impõe uma reflexão sobre a noção de poder de controle e sua aplicação na análise antitruste. Ainda que seja para defender, como se fará, que a adoção societária de controle, nos moldes em que é feita pelo Cade, revela-se adequada na caracterização e análise de reorganizações societárias.

O conceito de controle da Lei das S.A. é dado pela titularidade de direitos de sócio que conferem ao seu titular, de modo permanente, a maioria dos votos nas deliberações da assembléia geral e o poder de eleger a maioria dos administradores da companhia (art. 116). Ora, sabe-se que o poder de determinar as deliberações da assembléia geral e o poder de eleger a maioria dos administradores podem decorrer tanto da propriedade da maioria do capital social votante (controle majoritário) como também pode ser um controle minoritário (fundado em um número de ações inferior à metade do capital votante),[108] e que, em ambos os casos, esse controle pode ser constituído tanto por um único acionista como ser um controle conjunto.

A perspectiva concorrencial sobre esse mesmo fenômeno é, como bem coloca Calixto Salomão Filho,[109] um pouco distinta. De acordo com esse autor, o que interessa para o direito antitruste, que adota a expressão *influência dominante*, é a capacidade de um dado agente econômico influir no planejamento empresarial de outro agente, de modo que importa não o domínio sobre todos os órgãos sociais, mas, sim, o domínio sobre aquelas áreas diretamente ligadas à produção e atuação da empresa no mercado (o autor cita quatro: investimentos, pesquisa e desenvolvimento, produção e vendas).

Nesse sentido, já está teoricamente estabelecido, e em alguns sistemas inclusive positivado,[110] que uma relação relevante do ponto de vista concorrencial existe sempre que uma empresa exercer *influência determinante* sobre a outra.[111]

108 Deixa-se propositalmente de lado o controle externo por não interessar a análise antitruste das estruturas e o controle gerencial por não encontrar respaldo na realidade brasileira.

109 *Direito concorrencial...*, cit., p. 257.

110 Como visto, por exemplo, no sistema europeu de defesa da concorrência.

111 Conforme a redação do Regulamento 139/2004: "Art. 3.º, n. 2. O controlo decorre de direitos, contratos ou outros meios que conferem, isoladamente ou em conjunto, a possibilidade do exercício de uma influência determinante sobre uma empresa e nomeadamente: a) direitos de propriedade, ou de uso ou de fruição sobre a totalidade ou parte dos ativos da empresa; b) direitos ou contratos que conferem uma influência determinante na composição, ou nas deliberações ou nas decisões dos órgãos da empresa".

O Cade, conforme visto, não trata da questão com muita precisão conceitual, falando, por vezes, em influência relevante e, outras, em influência dominante. Ambas as noções são, sem dúvida, relevantes para a análise concorrencial das estruturas do mercado, como comprova o uso abrangente que o Cade faz dessas noções.

O que se pretende questionar é a funcionalidade da utilização dessas noções, enquanto instrumentos para a elaboração de regras claras e objetivas de isenção de apresentação de determinados atos ao Cade. Isso porque se entende que não basta, por exemplo, dizer que, perante uma situação em que se verifique a influência dominante de uma empresa sobre a direção dos negócios da outra, se está diante de uma reorganização societária que, por se tratar de uma operação realizada entre empresas que já agem como um único agente no mercado, não deve ser apresentada ao Cade. Isso de nada adianta se não for possível estabelecer parâmetros para aferição dessa influência capazes de orientar a determinação *a priori* dessa não-apresentação, parâmetros esses que se extraem do direito societário.

Com efeito, diante dessa limitação das noções concorrenciais de influência relevante e influência dominante, a noção de controle do direito societário parece se apresentar como um bom instrumento garantidor da objetividade necessária para o estabelecimento de critérios *a priori* de isenção, mesmo que também sofra suas limitações. Isso porque, conforme visto, para que se configure o controle pelo prisma societário é necessário que haja o domínio sobre todas as decisões sociais, domínio este consubstanciado no poder de determinar as deliberações da assembléia geral,[112] ao passo que a influência dominante está caracterizada apenas pelo controle das áreas ligadas à tomada de decisão estratégica.

Ora, na medida em que, para que se configure uma situação de controle, exige-se mais do que a noção de influência dominante, é bastante razoável pressupor que diante da existência de controle societário verifica-se o exercício de influência dominante por parte do controlador. Tem-se, portanto, como adequada, para os fins do estabelecimento de critérios de isenção, a identificação da submissão de empresas ao mesmo poder de comando mediante a verificação do poder de controle exercido com base na propriedade acionária.

A grande vantagem obtida com isso diz respeito à maior facilidade de aferir a existência de controle, tendo em vista a participação acionária, pelo menos no que diz respeito ao controle majoritário.

---

[112] Conforme afirma Comparato em sua obra *O poder de controle...*, cit., p. 65.

De fato, quanto a isso, tem-se que, no caso das reorganizações societárias, assim como das demais reestruturações societárias de base societária, a influência dominante pode se manifestar, em tese, tanto por meio do controle majoritário como mediante o controle minoritário. No caso do controle majoritário, a verificação da participação acionária majoritária realmente permite a fácil verificação da existência de controle acionário. No caso do controle minoritário, a situação é um pouco mais complicada. O problema, nesse último caso, reside em como se irá caracterizar uma situação em abstrato que permita presumir a existência de controle minoritário, já que, para tanto, não é suficiente a verificação da participação minoritária de uma empresa no capital de outra.

Embora alguns requisitos para a presunção do controle minoritário sejam até facilmente comprováveis, essa não é a regra geral. A própria legislação societária brasileira, apesar de, ao fixar as regras de *quorum* e de maioria no funcionamento da assembléia geral, ter implicitamente reconhecido a possibilidade de controle minoritário, nunca o presume diante de dadas circunstâncias, ao contrário do que ocorre na legislação estrangeira.[113] Geralmente, apenas quando se pode importar um critério preexistente em outro ramo do direito, é possível estabelecer, com alguma objetividade, critérios para a presunção de controle minoritário. Esse parece ser o caso, por exemplo, da questão envolvendo a necessidade de determinar a existência de uma influência dominante duradoura por parte da minoria, que pode ser resolvida, de acordo com a tradição do direito societário, mediante a verificação do exercício do controle por parte dos minoritários nas três últimas assembléias.[114]

Mesmo diante de informações acerca do número de representantes detidos por um dado acionista minoritário nos órgãos de direção da empresa, ainda que referentes às áreas estratégicas, não se pode presumir o controle minoritário, visto que a esfera de competências atribuídas a esses órgãos pela Lei 6.404/1976 é bastante limitada.[115]

Portanto, apenas se caracterizam como reorganizações societárias isentas de apresentação ao Cade aquelas operações entre empresas sub-

[113] Sobre isso, ver Comparato, *O poder de controle...*, cit., p. 49.

[114] Conforme sugere Calixto Salomão Filho (*Direito concorrencial...*, cit., p. 258-259).

[115] Nas palavras de Calixto Salomão Filho: "[...] para que um acordo de acionistas desconfigure a 'influência dominante' do acionista majoritário, ou a transfira ao acionista minoritário, não basta atribuir direito de eleger administradores nas áreas estratégicas. É preciso também que esses administradores tenham competência e liberdade de decisão nessas áreas" (Ibidem, p. 259).

metidas ao mesmo poder de controle, em que este é exercido com base na propriedade, direta ou indireta, da maioria do capital votante, única situação em que o controle pode ser presumido.

Nesses termos, percebe-se, e é importante ressaltar, que, quando se afirma que reorganizações societárias são operações que ocorrem dentro de um mesmo grupo econômico, o que se têm em mente são os chamados grupos de subordinação nas suas mais diversas formas,[116] e não os grupos de coordenação. A situação das sociedades participantes em grupos de coordenação é diversa daquela das sociedades em grupos de subordinação, devendo, por isso, receber tratamento distinto.

Estabelecida a impossibilidade de presunção de influência dominante com base no controle minoritário, há ainda que se atentar para o fato de que mesmo a presunção fundada no controle majoritário não está livre de limitações. É que há que considerar que o controle majoritário nem sempre é exercido de modo absoluto, podendo se revestir da forma de um controle simples sempre que houver uma minoria qualificada.

Como bem explica Comparato,[117] a lei brasileira prevê várias hipóteses em que o poder de controle fundado na maioria das ações com direito a voto pode sofrer restrições. Estas se traduzem na possibilidade de o acionista exercer influência relevante sobre as decisões estratégicas da empresa, obrigando o controlador a considerar seus interesses ao gerir os negócios da companhia, não obstante siga exercendo o controle majoritário.

Assim, diante de uma operação de reorganização societária que acarrete a saída de acionistas minoritários, há que decidir se esta é um empecilho à presunção de que esse tipo de operação não representa impacto concorrencial que justifique sua apresentação ao Cade. Ora, como a influência que pode ser exercida pela minoria qualificada não chega a descaracterizar o fato de que o controlador e a empresa controlada atuam como um único

---

[116] De acordo com Pedro Dutra: "Se o grupo compreende três ou mais sociedades, a estrutura pode ter a disposição de uma cadeia (a sociedade de comando controla outra sociedade que, por sua vez, é controladora de uma terceira) ou de uma pirâmide (a sociedade de comando controla duas ou mais sociedades que, por sua vez, são – em conjunto – controladoras de outra ou outras). Em ambos os tipos de estrutura existem relações de poder de controle direto (entre o controlador do grupo e a sociedade de comando, e entre duas sociedades) e de controle indireto (entre o controlador do grupo e cada uma das sociedades controladas, ou entre sociedades controladoras e controladas)" (Poder econômico..., cit., p. 13).

[117] *O poder de controle...*, cit., p. 44-45.

agente no mercado, e continuarão a fazê-lo após a operação, entende-se que a eliminação dessa influência exercida pelos minoritários, com a passagem do controle majoritário simples ao controle majoritário absoluto, não conduz à necessidade de apresentação desse tipo de operação.

Nesses termos, entende-se estar inviabilizada a tentativa de elaborar critérios para a presunção do controle minoritário a fim de se caracterizar *a priori* a existência de influência dominante prévia com base nesse tipo de controle, que justificasse a isenção para determinada operação da obrigação de apresentação ao Cade. Assim, depreende-se, por seu turno, suficiente a consideração do controle majoritário na elaboração do critério de isenção para operações de reorganização societária. Embora, vale a ressalva, seja lícito presumir que quanto maior a participação minoritária, maiores também a possibilidade e o grau de influência que o acionista pode ter na direção dos negócios da companhia, de sorte que a presunção a ser feita deve estar aberta à possibilidade de que uma participação minoritária resulte no exercício de influência dominante e, portanto, estabeleça uma situação de controle conjunto, isso afastaria a hipótese de reorganização societária.

Do ponto de vista prático, é importante lembrar, por último, que, tendo em vista a já mencionada realidade concentrada do direito societário brasileiro, a consideração apenas do controle majoritário não trará grandes prejuízos, pois será adequada na esmagadora maioria dos casos.

b) Consolidação de controle

A questão da determinação do liame entre dependência e independência que interesse ao direito antitruste volta a se colocar quando se trata de operações de controle acionário. Uma vez já estabelecido, com base na análise se reorganizações societárias, que operações envolvendo empresas que antes já atuavam como um único agente no mercado não devem ser submetidas ao Cade, o impulso inicial ao abordar a questão da obrigatoriedade da apresentação de operações de consolidação de controle é justamente verificar se elas se enquadram nessa situação.

O resultado dessa especulação acaba sendo a constatação de que, entre as outras formas de reestruturação societária, as operações de consolidação de controle mostram-se as mais receptivas à abordagem adotada com relação às reorganizações societárias. Isso ocorre graças a algumas características específicas desse tipo de operação que o distinguem e ao mesmo tempo o aproximam das reorganizações societárias.

Com efeito, as operações de consolidação de controle caracterizam-se, como o próprio nome diz, pela existência de uma relação prévia de controle que se mantém após a realização da operação. A diferença é que essa relação prévia de controle não se dá entre as empresas envolvidas na operação, mas entre uma das empresas incluídas na operação de compra e venda de ações – a empresa compradora – e a empresa cujas ações são negociadas. Portanto, tem-se que, embora as duas empresas que negociam a participação acionária sejam independentes, há uma relação clara de dependência no mesmo grau da que se verifica nas operações de reestruturação societária, entre a empresa adquirente e a empresa cujas ações são adquiridas, que agem como um único agente econômico no mercado dada a existência de controle majoritário de uma sobre a outra.

Pode-se dizer, portanto, a título de distinção entre reorganizações societárias e operações de consolidação de controle, que a dependência na segunda não se dá entre os sujeitos da operação, mas entre um sujeito e a empresa objeto da operação. Ocorre que, não obstante essa diferença, há uma importante semelhança que torna possível a defesa da aplicação da mesma solução também aos casos de consolidação de controle. É que em ambos as situações não há concentração econômica, pois as empresas que antes da operação já agiam como um único agente econômico continuam atuando dessa forma, e nenhum outro centro de poder independente foi eliminado para juntar-se a elas.

Contra essa tese, procurando alargar a diferença entre as duas categorias de operação em tela, poder-se-ia opor que, diante, por exemplo, de uma situação em que ocorresse a saída do sócio não controlador, antes dessa saída, o controle não era exercido de forma exclusiva pelo controlador, e que por isso uma consolidação de controle que se desse nesses termos poderia, sim, envolver a concentração de poder no mercado. Argumento este que também poderia ser utilizado no caso em que a venda de participação acionária ao sócio controlador, embora não levasse à saída do acionista não-controlador, acarretasse a diminuição do número de pessoas que ele antes podia indicar aos cargos de direção da sociedade (admitindo-se para incrementar o debate que esse fator é um elemento indicador de influência relevante dos acionistas minoritários na direção da empresa).

Essa oposição à aplicação do mesmo raciocínio empregado para a isenção de submissão ao Cade das reorganizações societárias às operações de consolidação de controle não deve, entretanto, prevalecer. Ela não só não é coerente com a realidade societária brasileira, como também seria um empecilho ao estabelecimento de um sistema coerente de isenções de determinadas categorias de operações de apresentação ao Cade, pois ensejaria a adoção de tratamentos diferentes para situações semelhantes.

Explica-se: o direito societário brasileiro, conforme colocado na primeira parte deste trabalho, tende à concentração. Os poderes de direção da empresa são atribuídos quase que com exclusividade à figura do acionista controlador pela Lei 6.404/1976, que incumbe o acionista controlador do próprio cumprimento dos objetivos institucionais da empresa (art. 116) e incentiva a saída do acionista minoritário diante do surgimento de conflitos de interesse. Diante desse quadro, a atribuição de grandes efeitos concorrenciais à saída de um acionista minoritário, embora teoricamente possível, simplesmente não faz sentido.

Ademais, ainda que seja verdade que a saída de um acionista não-controlador ou a diminuição do número de seus representantes no Conselho pudessem afetar a concorrência ao se tratar de operação de consolidação de controle, o mesmo deveria valer também para as operações de reorganização societária. Ora, quando duas empresas, controladas pelo mesmo grupo, decidem se fundir e essa fusão acarreta a saída de acionistas minoritários mediante o uso do direito de retirada, a operação seria tratada como reorganização societária que é, sem que se cogitasse de nenhum efeito anticoncorrencial decorrente da saída dos minoritários. Atribuir um efeito diferente ao mesmo fenômeno que ocorre em outra situação causaria incoerência ao conjunto de regras de isenção que se pretende estabelecer.

É preciso ficar claro que teoricamente é possível e correto defender que um acionista minoritário pode exercer uma influência relevante na gestão da empresa, quando, por exemplo, detém poder de veto em algumas matérias estratégicas e é capaz assim de obrigar o controlador a levar em conta seus interesses na tomada de decisões. Não se discute isso. O que se coloca é que essa possibilidade deve ser considerada pelo Cade no exame dos casos concretos que forem submetidos à sua análise, e não no estabelecimento de regras *a priori* de isenção de apresentação. É lícito que essa possibilidade de influência relevante seja desconsiderada tanto quando se trata de reorganizações societárias como de operações de consolidação de controle, diante da presunção de que na presença do controle majoritário, que não é alterado, as empresas já agiam e continuam a agir como um único agente econômico no mercado e que, portanto, ambas as categorias de apresentação não acarretam nenhum risco à concorrência.

Ora, já se explicou que não se pode presumir a influência do acionista minoritário na gestão da sociedade, seja ela dominante, seja ela relevante pela falta de critérios objetivos para aferi-la. Não se podendo presumi-las, sua verificação deve ser feita caso a caso pelo Cade. Nada impede, contudo, que se desconsiderem essas influências da parte do acionista minoritário, na realização de outras presunções que se mostrem possíveis, como é o caso das presunções relativas ao insignificante risco concorrencial presente em operações de reorganização societária e consolidação de controle.

Vale aqui, entretanto, novamente a ressalva de que também se pode presumir que quanto maior for a participação do minoritário, maior também pode se esperar que seja sua capacidade de ingerência nos negócios da companhia. Trata-se de fator que também deve ser considerado quando do estabelecimento de regras de isenção.

Por último, cumpre ainda mencionar que uma operação de consolidação de controle pode se referir tanto à consolidação do controle de uma empresa sobre uma outra empresa quanto à consolidação do controle de um grupo sobre uma dada empresa. Mas, independentemente dessa diferença, ambas as operações são sempre de consolidação de controle e, por isso, devem receber o mesmo tratamento.

Nesse sentido, embora esse tratamento, como visto, deva ser o mesmo, é preciso ainda deixar clara a diferença que existe entre uma reorganização societária e uma operação de consolidação do controle de um grupo sobre uma dada empresa. No caso da reorganização societária, todas as empresas envolvidas na operação estão submetidas ao mesmo poder de controle. Já no caso da consolidação do controle de um grupo sobre uma empresa, embora tanto a empresa adquirente quanto a empresa cujas ações se adquirem estejam submetidas ao mesmo poder de controle, a empresa que aliena as ações não está. Nesses termos, a operação pela qual uma empresa decide comprar parcela minoritária das ações de uma outra, sendo ambas controladas pelo mesmo grupo, e a empresa que aliena a parcela minoritária não o é, trata-se de uma operação de consolidação de controle acionário e não de uma reorganização societária.

Têm-se, portanto, até agora, com base no critério do grau de dependência entre as empresas envolvidas na operação, duas categorias de reestruturação societária que devem ser isentas da obrigação de apresentação para análise do Cade: as reorganizações societárias e as operações de consolidação de controle. Note-se que em ambos os casos o critério adotado é funcional porque a dependência entre as empresas que caracteriza sua atuação unificada no mercado é auferida por meio de um elemento bastante objetivo, qual seja a existência de controle majoritário.[118]

---

[118] Com efeito, seria possível despender muito tempo especulando os diversos graus de dependência que podem existir entre duas empresas e a partir de que ponto eles passariam a ter relevância concorrencial para a caracterização da atuação

c) Operações entre acionistas

Conforme já ressalvado anteriormente, entende-se por operação entre acionistas aquela, excluída a hipótese de consolidação de controle, em que dois ou mais acionistas de uma mesma empresa negociam ações desta empresa. Não é preciso ir muito longe para perceber que essa categoria de operações abrange uma gama bem mais vasta de situações do que as demais categorias analisadas. Ora, tem-se, de início, que se constatar que tais operações, ao contrário das outras, podem ou não alterar o poder de controle, a depender dos acionistas envolvidos e da quantidade de ações negociadas.

Essa maior abrangência dessa categoria de operação encerra, sem dúvida, uma maior complexidade na sua análise. Embora a questão central na determinação das hipóteses de reestruturação societária que devem ser apresentadas ao Cade seja sempre a mesma – identificar as situações em que a alteração do vínculo estrutural dá ensejo a uma nova situação de concentração ou coordenação[119] que antes não havia no mercado –, a abordagem para que se realize tal verificação pode, por vezes, ser alterada.

Com efeito, nesse caso, a análise da alteração na estrutura da propriedade acionária (desnecessária nos outros casos) se coloca previamente à análise do grau de dependência entre a empresa cujas ações são negociadas e os acionistas envolvidos na operação. É que, conforme a alteração que ocorra na estrutura da propriedade acionária, se poderá saber qual deve ser o enfoque a ser dado na análise do vínculo prévio existente. Explica-se: antes de analisar se houve mudança no vínculo prévio que caracterize uma nova concentração ou uma nova coordenação entre as empresas envolvidas,

---

das empresas no mercado como atuação de um só agente econômico. De fato, o tema dá margem a infindáveis divagações teóricas, cujo grau de abstração tende a ser tão elevado, que dificilmente seria possível dela extrair soluções que não fossem excessivamente genéricas, e pudessem assim ter alguma relevância prática na indicação das hipóteses de reestruturação societária que não devam ser apresentadas ao Cade.

[119] Conforme já colocado, o vínculo estrutural prévio entre as empresas pode implicar tanto concentração como coordenação, ambas ligadas às estruturas e não às condutas, devendo portanto ser submetidas ao controle estrutural. Fica evidente neste ponto, que é bem mais difícil estabelecer regras de isenção *a priori* das estruturas coordenativas sem o exame do caso concreto ou o que poderia viabilizar o estabelecimento dessas regras, sem informações *a priori* das estruturas de determinados mercados relevantes que possam indicar aqueles em que se pode presumir com mais facilidade a existência de comportamento coordenado entre concorrentes.

é, logicamente, preciso saber com qual nova situação se deve comparar a situação anterior à operação.

Nesses termos, o tratamento a ser dado às situações em que da operação decorre uma mudança no poder de controle deve ser diferente daquele conferido às operações em que isso não ocorre.

No caso das operações entre sócios em que não haja alteração no poder de controle, a tendência, em consonância com o que foi dito até agora, é poder presumir que elas não poderão afetar a concorrência, e, por isso, não precisam ser submetidas à análise do Cade, pois as empresas que já atuavam como um único agente no mercado (a controlada e a controladora) continuarão a fazê-lo.

Contudo, ainda que se defenda a possibilidade dessa presunção, há que se atentar para o fato de que ela deve ser feita de maneira um pouco mais detalhada e cuidadosa do que as presunções realizadas até agora relativas às reorganizações societárias e às operações de consolidação de controle.

Conforme já ressalvado em outras ocasiões, pode-se presumir que quanto maior for a participação de um acionista minoritário, maior será sua capacidade de ingerência nos negócios da companhia. Isso ocorre não apenas porque nessas situações é de esperar que o acionista minoritário tenha, ele próprio, um interesse maior em participar da gestão da companhia, como também porque, nesses casos, é mais fácil que fique caracterizada uma situação de controle comum de ativos.[120]

Nesses termos, nem toda operação entre sócios que não altere o controle – que continua aqui sendo entendido como controle majoritário – deve ser automaticamente isenta da obrigação de apresentação ao Cade. Isso porque, embora a maioria das ações continue pertencendo ao mesmo acionista, a exemplo do que ocorre nas outras categorias de operação já analisadas, a dinâmica do controle interno da empresa pode ser substancialmente alterada.

Já se esclareceu à exaustão que essa possibilidade também existia teoricamente quando se trata das outras operações. A diferença é que, no caso

[120] "A legislação de concorrência da União Européia caracteriza a situação de controle comum de ativos quando duas ou mais empresas ou pessoas são capazes de exercer influência decisiva sobre outra empresa. A aquisição de controle comum inclui a mudança de controle exclusivo para o controle comum, bem como a situação de impasse na qual mais de uma das empresas controladoras é capaz de rejeitar decisões estratégicas, de forma que estas têm que chegar a um acordo" (AC 08012.000125/02-27 – Cons. Afonso Arinos).

das operações entre sócios que não alteram o controle, essa possibilidade pode ser considerada nesta etapa do trabalho em que se procura estabelecer as hipóteses de isenção de apresentação.[121]

Assim, no caso, por exemplo, de uma operação envolvendo todos os acionistas minoritários de uma dada empresa, em que um deles adquire a participação de todos os demais, acarretando a saída destes últimos, não é lícito presumir, de plano, a inocorrência de prejuízos à concorrência, pois, dependendo da participação acionária que o minoritário adquirente terá após a alteração, pode-se esperar que ele passe a efetivamente ter o poder de influir, de maneira decisiva, na gestão da companhia. O mesmo vale também, por exemplo, para os casos em que o acionista controlador aliena parte de sua participação na companhia para um ou alguns acionistas minoritários, sem, contudo, deixar, com isso, de deter a maioria das ações da empresa.

Em ambos os casos citados o que ocorre é a formação de um outro centro de poder dentro da sociedade que se pode presumir, muito provavelmente, deverá ser considerado pelo controlador na tomada das decisões relativas à gestão da empresa. Trata-se, é bom esclarecer, do mesmo efeito obtido por determinados acordos de acionistas enquanto instâncias paralelas de poder societário. A diferença é que no caso relativo às operações de compra e venda de ações entre sócios esse efeito pode ser considerado na elaboração de regras de isenção *a priori* porque é passível de ser presumido mediante a aferição de um critério objetivo: um determinado limite de participação acionária. Isso não ocorre quando se cuida dos acordos de acionista, cujo conteúdo precisa ser verificado no caso concreto.

Nesse ponto, cumpre fazer um esclarecimento importante sobre essas dificuldades, relativas à consideração de algumas possibilidades teóricas de exercício de influência dominante e influência relevante na elaboração dos critérios de isenção de apresentação de algumas operações. É imprescindível que se deixe claro que essas dificuldades estão em estabelecer critérios objetivos que possam orientar, de maneira efetiva, a apresentação ou a não-apresentação de determinada operação ao Cade. A questão não é, nem poderia ser, relativa à dificuldade de comprovação do efetivo exercício dessas influências por um dado agente no mercado. Se fosse essa a questão, ela também deveria ter sido colocada com relação ao poder de controle majoritário (cujo efetivo exercício, nesses termos, também careceria de

[121] A idéia é que nos outros casos essa possibilidade seja incorporada à solução encontrada por meio do estabelecimento de porcentagens do capital social qualificando as hipóteses constantes das regras de isenção.

comprovação). Além disso, no caso do controle de estruturas, importa apenas a potencialidade da adoção de um dado comportamento e não o efetivo comportamento adotado.[122]

Isso posto, voltando-se à análise das operações entre sócios que "não provocam alterações no poder de controle",[123] tem-se que, uma vez excluídas as hipóteses em que se criam condições para a presunção do controle conjunto, as demais não precisam ser apresentadas ao Cade, posto que a elas se aplica o mesmo raciocínio adotado no que tange às reorganizações societárias e às operações de consolidação de controle.

Por fim, no que concerne às operações realizadas entre sócios em que há alteração de controle, parece claro que elas devem ser apresentadas ao Cade para que ele possa analisar a existência ou não de danos à concorrência que delas possam decorrer. Essa conclusão prescinde de grandes explicações.

Assim, resta apenas fazer uma ressalva que diz respeito aos acionistas que detêm ações preferenciais, dos quais até agora propositalmente não se cogitou.

Ainda que a influência na gestão dos negócios da empresa proporcionada pelas ações preferenciais deva ser tratada novamente no próximo item – quando se falará dos efeitos concorrenciais que pode ter a aquisição desse tipo de ação –, é necessário antecipar o tema para tratar da participação desse tipo de acionista nas operações entre sócios de uma dada empresa.

A possibilidade de que ações preferenciais proporcionem ao seu detentor o poder de influir na gestão da empresa é freqüentemente rebatida por meio da defesa da idéia de que o direito de voto é fundamental para que se possa exercer esse tipo de influência.

Há, contudo, quem[124] rebata esse argumento recorrendo a uma lógica econômica que já foi defendida neste trabalho com relação aos aumentos

---

122 Assim também ressalta, quase com as mesmas palavras, Calixto Salomão Filho (*Direito concorrencial...*, cit., p. 260).

123 As aspas são um reconhecimento de que quando se criam condições para a presunção do controle comum de ativos, embora não haja alteração no poder de controle majoritário, verifica-se sim uma alteração no controle da sociedade. Tem-se aqui um exemplo claro de que, apesar de ter sido adotada, pela sua funcionalidade, na elaboração da presunção relativa à isenção de reorganizações societárias e das operações de consolidação de controle, a noção de controle do direito societário, conforme já se havia afirmado, não é suficiente para a análise antitruste das hipóteses de reestruturação societárias que devem ser apresentadas ao Cade.

124 Ver, por exemplo, Calixto Salomão Filho (*Direito concorrencial...*, cit., p. 264-265).

significativos de participações minoritárias. Segundo essa lógica, o aumento na participação no capital de uma sociedade corresponde a um aumento no interesse pelos negócios dessa sociedade por parte do acionista investidor, já que os ganhos e as perdas da empresa passam a ser por ele compartilhados. Esse interesse, ainda de acordo com essa lógica, levaria, com grande probabilidade, ambos os agentes econômicos a atuar de maneira coordenada no mercado, visando à potencialização dos lucros e à redução dos prejuízos em comum.

Nesses termos, tratando-se de operações entre acionistas que não alteram o controle, tem-se, a exemplo do que foi dito com relação aos aumentos de participação minoritária, que operações que elevem consideravelmente[125] a participação preferencial também podem criar outro centro de poder na empresa que deva ser considerado pelo controlador na tomada das decisões, e por isso devem, atingido esse patamar considerável, ser apresentadas ao Cade. O mesmo vale para as operações em que um acionista preferencial adquire uma participação minoritária considerável e vice-versa.

Lembrando apenas que o que justifica a apreciação antitruste é a alteração na dinâmica interna de controle, de sorte que a consolidação de uma participação preferencial já considerável recairia em presunção de isenção análoga à relativa às operações de consolidação de controle.

3.3.2.2 Reestruturações societárias de base contratual: aquisição de participação minoritária e aquisições de ações preferenciais

Anteriormente aludiu-se que as operações às quais se passa a referir não necessariamente são reestruturações societárias. É que as operações de aquisição de participação minoritária e aquisições de ações preferenciais podem ocorrer tanto entre agentes econômicos, que já estavam previamente vinculados, quanto entre agentes econômicos, que não possuíam nenhum vínculo capaz de caracterizar uma reestruturação societária.

Quando existe, o vínculo nessas hipóteses se dá por meio de um contrato que permite que, antes da operação, a sociedade que adquire participação minoritária ou compre ações preferenciais já influenciasse a gestão dos negócios da outra. Por esse prisma, com base no que foi dito até agora, não é preciso ir muito longe para explicar que esse tipo de operação deve ser apresentada ao Cade para que este analise a existência de impactos concorrenciais. Com efeito, não se podem estabelecer regras de isenção *a priori*

---

125 Uma proposta de resolução sobre o tema deverá quantificar o que se entende por esse aumento considerável.

para esse tipo de reestruturação societária porque a influência propiciada por um contrato, a exemplo do que ocorre com a influência propiciada por um acordo de acionistas, só pode ser verificada caso a caso, por meio do exame do conteúdo do contrato.

Conforme já foi dito, a questão relativa a essas operações refere-se à capacidade de representarem algum risco à concorrência independentemente de serem ou não reestruturações societárias. Apesar de não ser esse o escopo declarado deste estudo, como o raciocínio empregado é semelhante, tentar-se-á propor também uma regra de isenção para esses casos.

a) Aquisição de participação minoritária

A tendência identificada na jurisprudência do Cade é entender que esse tipo de operação deve ser apresentada. Para o Conselho, a aquisição de participação minoritária pode afetar a dinâmica do controle interno da empresa, e, por isso, deve ser submetida à análise antitruste.[126]

De fato, conforme foi visto, essa afirmação procede teoricamente. A aquisição de participação minoritária pode acarretar, sim, o exercício de influência relevante na gestão dos negócios da companhia por parte do acionista minoritário, alterando assim a dinâmica do controle interno da empresa.

Ora, do que foi exposto até aqui sabe-se também que não é possível determinar, *a priori*, as situações em que isso ocorre. Entretanto, podem-se presumir negativamente as situações em que isso não acontece, com base nos direitos que a Lei 6.404/1976 confere a determinadas minorias. Dessa maneira, sustenta-se que a participação minoritária no capital social que não permite o exercício de nenhum desses direitos restritivos do poder de controle majoritário provavelmente não acarreta a possibilidade de exercício de influência relevante e, por isso, não precisa ser submetida ao Cade.

Assim, tem-se que de acordo com a Lei das S.A.: (i) é preciso representar 20% das ações com direito a voto para ter direito a eleger um membro da administração (art. 141, § 4.º); (ii) os acionistas que representem no mínimo 5% do capital social total podem convocar assembléia geral quando os administradores não atenderem, no prazo de oito dias, o pedido de convocação (art. 123, *c*); (iii) os acionistas que representem no mínimo 5% do capital votante ou 5% das ações sem direito a voto podem convocar assembléia geral para instalação do Conselho Fiscal, quando os

126 Nesse sentido: AC 08012.005760/98-18, AC 08012.008249/97-88, AC 08012.007680/98-51, AC 08012.000034/99-90.

administradores não atenderem o pedido para fazê-lo no prazo de oito dias (art. 123, *d*); (iv) os acionistas minoritários que representem 10% das ações com direito a voto podem eleger um membro e o respectivo suplente para o Conselho Fiscal (art. 161, *a*); (v) acionistas que representem no mínimo 5% do capital total podem solicitar ao Conselho Fiscal informações sobre matéria de sua competência; entre outros.

Com base nisso, e ponderando quais desses direitos efetivamente pode acarretar, quando exercidos, influência relevante que interesse ao direito concorrencial, pode-se estipular um limite de aquisições de participação minoritária que não deve ser apresentado. Trata-se, entretanto, de um caminho que este trabalho se limita a apontar, dada a necessidade de uma análise detalhada das minorias qualificadas pela Lei 6.404/1976 e de seus desdobramentos na estrutura econômica, o que não se tem condições de implementar aqui.

Uma vez extrapolado esse limite, esse tipo de operação deve ser apresentado para que o Cade possa verificar, caso a caso, a existência de condições que permitam ao minoritário o exercício de influência relevante ou dominante nos negócios da empresa.

b) Aquisição de ações preferenciais

Conforme visto, uma participação considerável no capital não-votante de uma empresa pode permitir o exercício de influência relevante na gestão dos negócios da referida empresa. Uma vez quantificado o que se pode presumir como uma "participação considerável", pode-se determinar que apenas operações que impliquem negociações de ações em quantidades equivalentes ou superiores a esse valor devem ser apresentadas ao Cade.

CONCLUSÃO

Por todo o exposto, conclui-se, confirmando a expectativa inicial, que é possível estabelecer critérios de isenção da obrigação de apresentação para determinadas categorias de operações diante da presunção de que elas provavelmente não terão impacto concorrencial. Apesar das limitações inerentes a esse tipo de presunção perante a complexidade do fenômeno analisado, ele pode e deve ser adotado pelo Cade como forma de orientar os administrados acerca da necessidade ou não da submissão de determinadas operações à análise antitruste.

Tendo isso em vista, conclui-se que sempre que uma reestruturação societária não importar em alteração na dinâmica interna de poderes da empresa, ela não precisará ser apresentada ao Cade. São critérios possíveis de uso na presunção dessa não-alteração: a não-alteração da propriedade da maioria acionária, a não-formação, ou o não-reforço, quando ela já existia, de uma minoria qualificada, a submissão ao mesmo poder de controle em grupos de subordinação, entre outros que foram abordados neste estudo.

Adotando esse tipo de critério é possível estabelecer as condições em que se presume quais operações, tais como reorganizações societárias, reestruturações societárias sem alteração de controle, compra de ações preferenciais e aquisição de participação minoritária, não precisam ser apresentadas ao Cade.

BIBLIOGRAFIA

ARAGÃO, Paulo César. *Conselheiros e acordos de acionistas*. Disponível em: <wwwusers.rdc.puc-rio.br/gfranco/PAragao.htm>. Acesso em: 8 out. 2003.

ASSANT, Giles. Antitrust intracorporate conspiracies: a comparative study of French, E.E.C. and American laws. *Revue de Droit des Affaires Internationales*, n. 2, 1989.

BERTOLDI, Marcelo M. O poder de controle na sociedade anônima – alguns aspectos. *RDM*, São Paulo: Malheiros, n. 118.

COELHO, Fábio Ulhoa. O conceito de poder de controle na disciplina jurídica da concorrência. *Revista do Instituto dos Advogados de São Paulo*, São Paulo: RT, n. 3, p. 19-25, jan.-jun. 1999.

COMPARATO, Fábio Konder. A reforma da empresa. *Direito empresarial*: estudos e pareceres. São Paulo: Saraiva, 1995.

———. *O poder de controle nas sociedades anônimas*. 2. ed. São Paulo: RT, 1973.

———. Os grupos societários na nova lei de sociedades por ações. *RDM*, São Paulo, Malheiros, n. 23, p. 91-107, 1976.

DUTRA, Pedro. Atos de concentração na União Européia. *Revista de Direito Econômico*, Brasília, p. 145-173, jan.-mar. 1996.

———. Controle norte-americano da concentração de empresas. *Revista de Direito Econômico*, Brasília, n. 22, p. 135-143, jan.-mar. 1996.

———. Poder econômico: concentração e reestruturação. *Revista do IBRAC*, n. 199, p. 9-30.

EIZIRIK, V. N. O mito do controle gerencial: alguns dados empíricos. *RDM*, n. 66, abr.-jun. 1987.

GERLA, Harry S. A Micro-microeconomic approach to antitrust law: games managers play. *Michigan Law Review*, v. 86, n. 5, p. 892-929, April 1988.

IRUJO, José Miguel Embid. El derecho de los grupos de sociedades en Brasil – su significación y repercusión en el ordenamiento jurídico español. *RDM*, São Paulo, Malheiros, n. 71, p. 5-46.

LAMY FILHO, Alfredo. A empresa, os minoritários e o mercado de capitais. *Revista de Direito Bancário, do Mercado de Capitais e da Arbitragem*, n. 9.

———. A reforma da lei de sociedades anônimas. *RDM*, São Paulo, Malheiros, n. 104, p. 86-94, out.-dez. 1996.

LOBO, Jorge. Direito dos grupos de sociedades. *RDM*, São Paulo, Malheiros, n. 107, p. 99-122.

———. Interpretação realista da alienação de controle de companhia aberta. *RDM*, São Paulo, Malheiros, n. 123.

——— (Coord.). *Reforma da Lei das Sociedades Anônimas*. Rio de Janeiro: Forense, 2002.

MARTINS, Fran. *Comentários à lei de S.A.* Rio de Janeiro: Forense, 1979. v. 30.

MASON, Edward. S. (Coord.). *The corporation in modern society.* Massachusetts: Harvard University Press, 1964.

RODRIGUES-CHAVES, Edson. Controle dos atos de concentração econômica em alguns países. *Revista de Direito Econômico,* Brasília, n. 22, p. 119-132, jan.-mar. 1996.

SABATO, Franco di. Concentrazioni e gruppi nel diritto interno. *Il fenomeno delle concentrazioni di imprese nel diritto interno e internazionale.* Padova: Cedam, 1989.

SALOMÃO FILHO, Calixto. *Direito concorrencial*: as condutas. São Paulo: Malheiros, 2003.

———. *Direito concorrencial*: as estruturas. 2. ed. São Paulo: Malheiros, 2002.

———. *O novo direito societário.* 2. ed. São Paulo: Malheiros, 2002.

VANHAECKE, Michel. *Les groupes de sociétés.* Paris: Librarie Générale de Droit et de Jurisprudence, 1962.

WALD, Arnoldo. A reforma da Lei das Sociedades Anônimas: os direitos dos minoritários na nova Lei das S.A. *A reforma da Lei das Sociedades Anônimas.* Rio de Janeiro: Forense, 2002.

YAZBEK, Otavio. Política econômica, legislação societária e aplicação do direito da concorrência no Brasil. *RDM,* São Paulo, Malheiros, n. 171, p. 136-149, jan.-mar. 2000.

ANEXO

CASO	DATA DA DECISÃO	VOTAÇÃO (resultado)	DESCRIÇÃO DA OPERAÇÃO	ENTENDIMENTO ADOTADO	PRECEDENTES CITADOS
AC 53500.014636/2005 Requerentes: DAHOC Radio Movil Digital Americas (caso RDMA)	26.04.2006	Não-conhecimento da operação.	Aquisição da totalidade das ações preferenciais de uma empresa por grupo econômico que já detinha a totalidade das ações ordinárias.	Reestruturação societária. Empresa já detinha o controle, apenas aumentou sua participação. Impossibilidade de prejuízos à concorrência.	AC 08012.000321/2006-81 (caso BGPAR)
AC 08012.000321/2006-81 Requerente: BGPar	12 04.2006	Não-conhecimento da operação.	Aquisição de ações pelo acionista controlador.	Reestruturação societária. Hipótese não subsumida ao art. 54 da Lei 8.884/1994.	AC 08012.008448/97-02 (caso TAM); ACs 1-19/94 (caso Tubos Tigre); AC 08012.006397/2001-13 (caso EQT); AC 08012.004585/2002-80 (caso High Voltage)
AC 08012.011220/2005-54 Requerentes: Milenia e MAB	15 03.2006	Não-conhecimento da operação.	Incorporação de empresa a sua controladora, pertencendo ambas as empresas ao mesmo grupo econômico.	Inexistência de ato de concentração. Impossibilidade de prejuízos à concorrência. Reestruturação societária sem mudança de controle definitivo.	AC 53500.006612/2002 (caso Telepar); AC 08012.008448/97-02 (caso TAM); ACs 1-19/94 (caso Tubos Tigre); AC 08012.006397/2001-13 (caso EQT); AC 08012.004585/2002-80 (caso High Voltage)
AC 08012.008007/2005-65 Requerentes: Sud-Chemie e One Equity Partners	18.01.2006	Aprovação sem restrições.	Aquisição de ações com entrada de novo acionista.	Mera reestruturação societária.	

CASO	DATA DA DECISÃO	VOTAÇÃO (resultado)	DESCRIÇÃO DA OPERAÇÃO	ENTENDIMENTO ADOTADO	PRECEDENTES CITADOS
AC 53500.005049/2002 Requerentes: Telecom, Timepart e Techold	28.06.2005	Aprovação sem restrições.	Aditamento de acordo de acionistas. Opção de venda de ações contemplada. Cessão do controle.	Reestruturação societária com alteração de controle.	
AC 08012.010273/2004-77 Requerentes: Orga e Daruma	23.02.2005	Aprovação sem restrições.	Reorganização acionaria de *joint venture* com alteração do controle.	Inexistência de danos à concorrência. Apenas alteração de posições acionárias das empresas.	
AC 08012.010496/2004-34 Requerentes: BC e TOP	21.02.2005	Operação não subsumida.	Aquisição de 49% das ações de uma *joint venture* pela empresa que já detinha os outros 51%.	Reestruturação acionária. Inexistência de concentração horizontal e integração vertical.	
AC 53500.004738/2003 Requerentes: BCP e América Móvil	02.02.2005	Aprovação sem restrições.	Transferência de controle acionário da BCP para a América Móvil.	Segunda etapa da reestruturação societária da BCP. Ausência de prejuízos à concorrência.	
AC 08012.009840/2004-42 Requerentes: Shell e NV	25.01.2005	Aprovação sem restrições.	Unificação de empresas que já faziam parte do mesmo conglomerado econômico.	Mera reestruturação societária que não modifica a estrutura concorrencial.	
AC 08012.009178/2005-10 Requerentes: Acesita e Arcelor	18.01.2005	Não-conhecimento da operação.	Consolidação de controle com saída de acionistas minoritários.	Não houve alteração de controle.	
AC 08012.003880/2004-81 Requerente: Interpublic	14.07.2004	Não-subsunção da operação ao § 3.º do art. 54, determinado o arquivamento do processo sem julgamento do mérito (voto do relator).	Desfazimento de sociedade existente entre duas empresas por meio da venda da participação que uma delas detinha na empresa que representava a sociedade. O controle dessa empresa antes da operação era detido pela empresa alienante (55%).	Trata-se de reorganização societária, que não afeta a concorrência.	AC 08012.002047/2002-51 (Mondo); AC 08012.004467/2001-91 (Curt Alex)

CASO	DATA DA DECISÃO	VOTAÇÃO (resultado)	DESCRIÇÃO DA OPERAÇÃO	ENTENDIMENTO ADOTADO	PRECEDENTES CITADOS
AC 08012.004734/2003-91 Requerentes: CVRD, CMM, MMV	31.03.2004	Não-subsunção da operação ao § 3.º do art. 54, determinado o arquivamento do processo sem julgamento do mérito (voto do relator).	Alteração da composição acionária de um dado consórcio (com a saída de um sócio) sem alteração do controle.	Operação não acarretou qualquer modificação no grau de concentração do mercado. Por isso, o processo deve ser extinto sem julgamento de mérito.	AC 08012.002047/2002-51 (Mondo); AC 08012.004467/2001-91 (Curt Alex)
AC 08012.000844/2003-84 Requerentes: BAESA, BEGESA, ALCOA e outros	18.02.2004	Subsunção da operação ao *caput* e § 3.º da art. 54 e aprovação sem restrições.	Transferência de participação societária por empresa (que com isso deixa de deter a maioria das cotas) a demais sócios e a uma empresa que não era acionista antes da operação.	Não se trata de reorganização societária, mas sim de reestruturação societária com entrada de novo acionista.	
AC 08012.006066/2003-37 Requerentes: CBA, CNT e CPFL	14.01.2004	Operação aprovada sem restrições.	Empresa aliena sua participação em outra (26%) para outras duas empresas. Sendo todas as três empresas envolvidas controladas direta ou indiretamente pelo mesmo grupo.	Trata-se de reestruturação societária. Operação se enquadra no art. 54.	
AC 08012.007497/2003-11 Requerentes: Ford e Polynorm	14.01.2004	Não-subsunção da operação ao § 3.º do art. 54, determinado o arquivamento e manutenção de taxa processual pelo exercício do poder de polícia.	Empresa que já detinha maioria de quotas de uma outra empresa compra participação de demais acionistas.	Trata-se de reestruturação societária, sem alteração de controle. Não se confunde com reorganização societária, pois envolve empresas de grupos distintos.	AC 08012.006267/2003-34 (Bica de Pedra e Dreyfus) AC 53500.006612/2002 (Telepar)

CASO	DATA DA DECISÃO	VOTAÇÃO (resultado)	DESCRIÇÃO DA OPERAÇÃO	ENTENDIMENTO ADOTADO	PRECEDENTES CITADOS
AC 08012.006267/2003-34 Requerentes: Bica de Pedra e Dreyfus	17.12.2003	Não-subsunção da operação ao § 3.º do art. 54, determinado o arquivamento e manutenção de taxa processual pelo exercício do poder de polícia.	Aquisição de ações por empresa que não era acionista, mas que pertence ao mesmo grupo do acionista restante (sua subsidiária integral) que não lhe vendeu participação e que continua detendo a maioria das ações.	Trata-se de mera reestruturação societária, envolvendo empresas pertencentes a grupos distintos (já que participações ora adquiridas eram de empresas pertencentes a grupos distintos), sem alteração do controle.	AC 53500.006612/2002 (Telepar)
AC 53500.006612/2002 Requerentes: Telepar e outras	19.11.2003	Não-subsunção da operação ao § 3.º do art. 54, determinado o arquivamento e manutenção de taxa processual pelo exercício do poder de polícia. (Após v.v. de Pfeiffer, rel. Marques aditou voto.)	Operação envolvendo três empresas em que duas delas passaram a ser integralmente detidas pela terceira, sendo todas elas controladas por uma quarta empresa.	Para Pfeiffer, como não há alteração de controle, trata-se de reestruturação societária, entendida como nova disposição societária dentro de um mesmo grupo sem alteração de controle. Para ele, distingue-se de reorganização societária pois nessa há alteração de controle. Para Marques trata-se de reorganização societária, pois todas as empresas envolvidas pertencem ao mesmo grupo.	AC 08012.001158/2001-69 (Uniti e Senterama); AC 08012.08448/97-02 (TAM); AC 08012.000769/2001-45 (Micogen e Dinamilho); AC 08012.006397/2001-13 (EGT e Duni) AC 08012.004585/2002-80 (High Voltage e CCM) AC 08012.005115/2000-71 (Dow)
AC 08012.006632/2003-19 Requerente: SLC	19.11.2003	Não enquadramento da operação no art. 54.	Aquisição de 30% do capital social de uma empresa por outra por empresa do grupo que já detinha o controle (68,69%) da empresa cujas cotas ora se adquirem.	Como o grupo já detinha controle acionário, a operação não limita nem prejudica a concorrência.	AC 08012.002047/2002-51 (Mondo); AC 08012.004467/2001-91 (Curt Alex)
AC 08012.002869/2003-12 Requerentes: Mitsui e CVRD	22.10.2003	Operação aprovada sem restrições.	Aquisição de participação minoritária (18,24% e 9,54%) de uma empresa em outras.	Diante da possibilidade de concentração horizontal o relator conhece da operação.	

CASO	DATA DA DECISÃO	VOTAÇÃO (resultado)	DESCRIÇÃO DA OPERAÇÃO	ENTENDIMENTO ADOTADO	PRECEDENTES CITADOS
AC 08012.004491/2003-91 Requerentes: Mircal e Sumitomo	20.08.2003	Arquivamento do processo sem julgamento de mérito.	Aquisição de 0,01% das ações de uma companhia por uma empresa que já detinha os outros 99,9%.	Operação não se enquadra no art. 54 da Lei.	
AC 08012.005871/2001.81 Requerente: BancBoston e Vesta.	11 06.2003	Arquivamento do processo sem julgamento do mérito (voto relator).	Investimento no formato *privaty equity.*	Trata-se de mera operação financeira que não se enquadra no art. 54.	
AC 08012.002451/2001-43 Requerentes: Corning e Madeco	06.05.2003	Aprovação sem restrições.	Empresa que antes tinha seu capital social dividido em 25% para uma empresa e 75% para outra passa a tê-lo detido 50% por cada uma.	Trata-se de reestruturação societária com alteração de controle.	
AC 08012.008379/2002-49 Requerentes: Terra e Chana	14.05.2003	Extinção do processo sem julgamento de mérito (voto do relator).	Aquisição de franqueada pela franqueadora.	Não existe potencial dano à concorrência, e, portanto, a operação não se enquadra nos dispositivos da lei.	
AC 53500.002966/2002 Requerentes: Telecom e Tam	30.04.2003	Operação aprovada sem restrições.	Aquisição de 6.9603% do capital social de uma empresa por outra em ações preferenciais.	Trata-se de mera operação de investimento financeiro que não altera a estrutura de mercado.	
AC 08012.008573/2002-4 Requerente: Sanmina	26.03.2003	Operação aprovada sem restrições.	Empresa que já detinha restante das ações compra 10% do capital social de uma companhia.	Com a saída de um sócio, ele deixa de exercer influência na empresa. Esse tipo de operação deve ser comunicado ao Cade, pois tem potencial de prejudicar a concorrência.	
AC 08012.006302/2002-34 Requerente: AOL	26.03.2003	Operação aprovada sem restrições.	Separação de três áreas de negócio de uma empresa que passarão a ser detidos integralmente por outra empresa que já mantinha o controle destes.	Trata-se de mera reestruturação societária dentro do grupo.	

CASO	DATA DA DECISÃO	VOTAÇÃO (resultado)	DESCRIÇÃO DA OPERAÇÃO	ENTENDIMENTO ADOTADO	PRECEDENTES CITADOS
AC 08012.008171/2002-20 Requerentes: Dow e Plann	19.03.2003	Operação aprovada sem restrições.	Empresa que já detinha 50,01% das ações de uma outra compra o restante.	Com a saída de um sócio, ele deixa de exercer influência na empresa. Esse tipo de operação deve ser comunicado ao Cade, pois tem potencial de prejudicar a concorrência.	
AC 08012.006619/2001.90 Requerentes: BancBoston e Telefutura	Mar. 2003	Thompson: extinção do processo sem julgamento do mérito (art. 83 Lei 8.884/1994 e art. 267, VI, do CPC) Ronaldo: conhece da operação e aprova sem restrições.	Aquisição, por meio de investimentos no formato *privaty equity*, de aproximadamente 25% do capital votante de uma companhia por uma dada empresa e de aprox. 20% por um Banco.	Thompson: trata-se de mera o peração financeira. Inexistência de concentração horizontal ou integração vertical de modo que operação não se enquadra na Lei 8.884/1994. Ronaldo: *privaty equitys* não devem ser isentos *per se* da apresentação. Trata-se de condição necessária, mas não suficiente. Havendo possibilidade de exercício de influência relevante (poder de interferir no processo de tomada de decisões) dispensa é excepcional. Arriscado simplesmente não conhecer da operação.	Conhecimento ou não: AC 08012.007112/2001-53 (Power e Gemstone); AC 08012.004774/2001-71 (L培ducca); Consulta 0081/2001 (IGB); AC 08012.009661/99-69 (Psinet) Conceito de influência relevante e dominante: AC 08012.006962/98-78 (voto Lucia Helena); AC 08012.002611/98-51 (Franceschini, p. 1006 Caso Herbitécnica); AC 08012.001571/2002-12 (Sumitomo e Mitsui) Interpretação do art. 54: caso Newell, Caso Curt Alex, Caso RHT, AC 08012.002875/2002-99 (Regis e Gameo – voto Marques)

CASO	DATA DA DECISÃO	VOTAÇÃO (resultado)	DESCRIÇÃO DA OPERAÇÃO	ENTENDIMENTO ADOTADO	PRECEDENTES CITADOS
AC 08012.005115/2000-71 Requerentes: Dow e Sanachem entre outras	22.01.2003	Subsunção da primeira operação ao *caput* e § 3.º da art. 54 e aprovação sem restrições. Não-conhecimento das operações de incorporação societária e transferência de quota.	Há duas operações: (i) aquisição mundial dos negócios de um grupo por outro e (ii) posterior incorporação de empresa do grupo comprado por empresa do grupo comprador que concomitantemente compra uma quota da empresa incorporada que pertencia a uma pessoa física, e passa assim a deter o controle acionário completo da empresa incorporada.	A incorporação de uma empresa a outra, após a aquisição de um grupo pelo outro, trata-se de reorganização societária, dentro do mesmo grupo. Já a compra da quota pertencente à pessoa física não é reorganização societária, pois não ocorre exclusivamente entre empresas do mesmo grupo.	AC 08012.000704/0056 (Akros); AC 08012.08448/97-02 (TAM); caso Tubos Tigre; AC 08012.007069/00-45 (Grupo Dow)
AC 08012.004585/2002-80 Requerentes: High Voltage e CCM	04.12.2002	Não-subsunção da operação ao § 3.º do art. 54, determinado o arquivamento e manutenção de taxa processual pelo exercício do poder de polícia.	Aquisição por uma empresa do restante das ações de uma *joint venture* da qual já participava com maioria das ações.	Operação não resulta em alteração dos pólos decisórios sendo uma simples reestruturação societária. Trata-se da consolidação da participação de um grupo no capital social de empresa que já controlava sem envolver novos acionistas.	AC 08012.000704/0056 (Akros); AC 08012.010837/99-71 Outros exemplos de não submissão: AC 08012.002875/2002-99; AC 08012.004181/2001-13
AC 08012.007947/2001-59 Requerentes: RKT e Rutgers	04.12.2002	Operação conhecida e aprovada integralmente sem restrições.	Transferência do controle de uma dada empresa a uma outra companhia em razão de operação de aquisição realizada mundialmente	Utilização dos conceitos de influência dominante e influência relevante, para afirmar que é a sua existência que consolida a vinculatividade de um contrato condicional e não sua reversibilidade.	

CASO	DATA DA DECISÃO	VOTAÇÃO (resultado)	DESCRIÇÃO DA OPERAÇÃO	ENTENDIMENTO ADOTADO	PRECEDENTES CITADOS
AC 08012.001828/2002-28 Requerentes: Newel	21.08.2002	Extinção do processo sem julgamento de mérito. v.v.: operação conhecida e aprovada sem restrições.	Empresa que já é acionista de uma determinada companhia compra o restante das ações e passa a deter a totalidade do capital social. Inexistência de concentração horizontal e integração vertical.	Thompson: não pode haver concentração por se tratar de novo entrante no mercado, por isso a operação não deve ser conhecida. v.v.: Ronaldo: § 3.º é especificação do *caput* do art. 54. Hipóteses que não se enquadram no parágrafo não estão isentas de apresentação, cabendo ao Cade decidir se enquadram ou não no *caput* do art. 54. Cade deveria definir isenções *a priori* por meio de resoluções. Falta de concentração econômica não é condição suficiente para dispensar apresentação do ato.	AC 08012.004467/2001/91 (Curt Alex); AC 08012.000010/2001-15 (Natura)
AC 08012.002047/2002-51 Requerentes: Mondo e Nash	14.08.2002	Extinção do processo sem julgamento de mérito. v.v.: operação conhecida e aprovada sem restrições.	Aquisição da quase totalidade do capital social de uma empresa por outra companhia, sem que haja concentração horizontal ou integração vertical. Substituição de *players* no mercado.	Thompson: no caso não pode haver concentração por se tratar de novo entrante no mercado brasileiro, por isso a operação não deve ser conhecida. v.v.: Ronaldo: § 3.º é especificação do *caput* do art. 54. Hipóteses que não se enquadram no parágrafo não estão isentas de apresentação, cabendo ao Cade decidir se enquadram ou não no *caput* do art. 54. Cade deveria definir isenções *a priori* por meio de resoluções. Falta de concentração econômica não é condição suficiente para dispensar apresentação do ato.	AC 08012.004467/2001/91 (Curt Alex); AC 08012.001828/2002-28 (Newel); AC 08012.000010/2001-15 (Natura)

CASO	DATA DA DECISÃO	VOTAÇÃO (resultado)	DESCRIÇÃO DA OPERAÇÃO	ENTENDIMENTO ADOTADO	PRECEDENTES CITADOS
AC 08012.004774/2001-71 Requerentes: Loducca e Lowe	21.07.2002	Não-subsunção da operação ao § 3.º do art. 54, determinado o arquivamento. Extinção do processo sem julgamento do mérito (art. 267, VI, do CPC e art. 83 da Lei 8.884/1994). v.v.: operação conhecida e aprovada sem restrições.	Aumento de participação acionária de empresa em outra sem que haja alteração do controle.	Não há possibilidade de prejuízo à concorrência. Não houve entrada ou saída de nenhum agente econômico no mercado, houve alteração apenas na participação acionária v.v.: Na falta de definição clara de hipóteses que estejam excluídas da regra geral do art. 54, *caput*, o Cade deve conhecer das operações. Não cabe ao particular decidir. Reestruturação *lato sensu*: empresas previamente vinculadas; reorganização societária: vínculo prévio forte que afeta independência; reestruturação *stricto sensu*: resto. Reorganizações societárias não devem ser apresentadas ao Cade devido à falta de concentração.	AC 08012.004467/2001/91 (Curt Alex); AC 08012.001828/2002-28 (Newel) Exclusão de reorganização societária: AC 08012.000704/2000; AC 08012.003407/99; AC 08012.010081/98, AC 08012.08448/97; AC 55/95; AC 7, 10 e 20/94. Necessidade de conhecer do pedido: AC 09012.009661/99-69 (Psinet); Consulta 0081/2001 (IGB)
AC 08012.004467/2001-91 Requerentes: Curte Alex e Kodak	03.07.2002	Extinção do processo sem julgamento de mérito. v.v.: operação conhecida e aprovada sem restrições.	Venda de parte do ativo de empresa e quotas sociais, sem que houvesse qualquer concentração horizontal ou integração vertical.	Thompson: no caso não pode haver concentração por se tratar de novo entrante no mercado brasileiro, por isso a operação não deve ser conhecida. Campilongo: pode haver concentração vertical mesmo em se tratando de novo entrante. Pfeiffer: se os atos de notificação obrigatória fossem apenas aqueles que efetivamente prejudicassem a concorrência, o § 3.º não teria utilidade. v.v.: Ronaldo: § 3.º é especificação do *caput* do art. 54. Hipóteses que não se enquadram no parágrafo	

CASO	DATA DA DECISÃO	VOTAÇÃO (resultado)	DESCRIÇÃO DA OPERAÇÃO	ENTENDIMENTO ADOTADO	PRECEDENTES CITADOS
				não estão isentas de apresentação, cabendo ao Cade decidir se enquadram ou não no *caput* do art. 54. Cade deveria definir isenções *a priori* mediante resoluções. Falta de concentração econômica não é condição suficiente para dispensar apresentação do ato.	
AC 08012.002893/2002-71 Requerente: Equifax	03.07.2002	Operação aprovada sem restrições.	Aquisição de 20% das cotas de uma companhia por empresa do grupo que já detinha os 80% restantes.	Ainda que esse não seja o caso, a venda de participação acionária para o sócio remanescente, ocasionando o fim da administração compartilhada entre dois agentes independentes, pode trazer danos à concorrência, e por isso se enquadra no art. 54.	
AC 08012.003003/2000-86 Requerente: SMARJA	19.06.2002	Operação aprovada sem restrições.	Operação de transformação de uma associação em uma sociedade.	Trata-se de ato de concentração que necessita ser conhecido pelo Cade: "atos sob qualquer forma manifestados...".	
AC 08012.000125/02-27 Requerente: Daiwa	08.05.2002	Operação não enquadrável no *caput* do art. 54, apresentada por faculdade da requerente: aprovação sem restrições.	Fusão entre duas empresas e posterior transferência da participação não majoritária de uma delas em outra empresa, à empresa resultado da fusão.	Trata-se de reorganização societária típica, posto que não houve alteração de ordem estrutural no poder de comando da empresa cujas quotas foram transferidas. Conceito de reorganização adotado: transferência de controle entre detentores que, por sua vez, mantêm inalterada sua relação de controle com um grupo a que todos pertençam, ou cuja estrutura societária garanta controle exclusivo de comando a um grupo.	AC 08012.003775/01-07 (Equifax e Unisa)

CASO	DATA DA DECISÃO	VOTAÇÃO (resultado)	DESCRIÇÃO DA OPERAÇÃO	ENTENDIMENTO ADOTADO	PRECEDENTES CITADOS
AC 08012.007116/2000-51 Requerente: JPM	08.05.2002	Operação aprovada sem restrições.	Operação em formato *privaty equity.*	Requerentes argumentaram que investimentos do tipo *privaty equity* não devem ser conhecidos pelo plenário. Preenchimento do requisito do faturamento é suficiente para que se conheça da operação.	
AC 08012.006048/2001-93 Requerentes: CTEEP e EPTE	06.03.2002	Operação aprovada sem restrições.	Incorporação total do patrimônio de uma empresa por outra.	Reestruturação societária realizada pela incorporação da EPTE pela CTEEP. A presente operação se trata de mera reorganização societária entre duas empresas, visto que não ocorreu mudança de controle das companhias envolvidas (SP continuou detendo maioria mesmo após a operação).	
AC 08012.006397/2001-13 Requerentes: EQT e Duni	06 02.2002	Operação aprovada sem restrições. (v.u.)	Aquisição de metade das ações representativas do capital social de uma empresa, por empresa pertencente a grupo que já detinha o restante das ações e que passa assim a deter a totalidade do controle.	Não se trata de reorganização societária, entendida como processo de reestruturação administrativa configurando somente transferência de controle entre detentores que manteriam sua relação com um grupo ao qual todos pertenceriam. Nesse caso o grupo adquirente não detinha anteriormente o controle exclusivo da sociedade.	AC 08012.08448/97-02 (TAM)
AC 08012.004446/2001-75 Requerente: Deutz	06.02.2002	Operação não enquadrável no *caput* do art. 54, apresentada por faculdade da requerente: aprovação sem restrições.	Incorporação de uma empresa por outra, sendo ambas diretamente controladas por uma terceira.	Caracterizada operação de reorganização societária, entendida como transferência de controle entre detentores que, por sua vez, mantêm inalterada sua relação de controle com um grupo a que todos pertençam.	AC 08012.001844/00-51 (Equifax)

CASO	DATA DA DECISÃO	VOTAÇÃO (resultado)	DESCRIÇÃO DA OPERAÇÃO	ENTENDIMENTO ADOTADO	PRECEDENTES CITADOS
AC 08012.001844/00-51 Requerente: Equifax	23.01.2002	Operação aprovada sem restrições.	Aquisição da totalidade das quotas de emissão de uma empresa por outra, que já detinha a maioria do capital social da empresa cujas quotas são adquiridas.	Não se trata de reorganização societária, entendida como transferência de controle entre detentores que, por sua vez, mantêm inalterada sua relação de controle com um grupo a que todos pertençam. Reconhecimento de que mudanças na estrutura de controle sobre ativos que não sejam transferências de controle exclusivo também podem gerar efeitos anticoncorrenciais. Quando poder é compartilhado, mudanças na distribuição do poder devem ser consideradas. Definição de controle comum: duas ou mais empresas capazes de exercer influência decisiva sobre outra.	Influência relevante – participações minoritárias com poder de veto: AC 08012.006375/98-42 (Mark IV, Pedreiras e Techold); AC 08012.005760/98-18 (Perez Companc e Innova); AC 08012.008249/97-88 (Belgo-Mineira e Dedini); AC 08012.007680/98-51 (Rossi e Itaú); AC 08012.000034/99-90 (Tessenderlo e Debida) Reorganização societária: AC 08012.08443/97-02 (TAM); caso Tubos Tigre; AC 08012.007069/00-45 (Dow e Dinamilho)
AC 08012.004010/2001-86 Requerentes: Hayers e Tibur	24.10.2001	Operação aprovada sem restrições.	Empresa que já detinha 51% das cotas da empresa adquirida adquire os 49% restantes.	Expressiva participação preexistente à operação já permitia ao grupo ao qual pertence a empresa adquirente exercer influência sobre a administração da empresa adquirida, inclusive sobre sua política comercial.	
AC 53500.001395/2001 Requerentes: Bitel e UGB	26.09.2001	Operação aprovada sem restrições.	Grupo que já detinha maioria das ações de uma companhia adquire participações de alguns sócios minoritários e aumenta sua participação, passando de 43,95 a 90% das ações.	Trata-se de mera substituição de investidores.	

CASO	DATA DA DECISÃO	VOTAÇÃO (resultado)	DESCRIÇÃO DA OPERAÇÃO	ENTENDIMENTO ADOTADO	PRECEDENTES CITADOS
AC 08012.0007069/2001-45 Requerentes: Mycogen e Dinamilho	19.09.2001	Desobrigação legal de apresentação não enseja multa por intempestividade (alguns conselheiros discordaram).	Incorporação de empresas que já pertenciam ao mesmo grupo.	Trata-se de reorganização/ reestruturação societária interna a grupo de empresas que não altera índice de concentração do mercado, posto que a controladora segue tendo o mesmo grau de participação no mercado.	AC 04/94; AC 07/94; AC 08/94; AC 09/94; AC 10/94; AC 20/94 (CBV)
AC 08012.00001158/2001-69 Requerentes: Unifi e Sinterama	27.07.2001	Operação aprovada sem restrições.	Operação de constituição de *joint venture* entre empresas de grupos diferentes – ao menos tudo indica.	Thompson aprova operação conforme a praxe. Julgado citado por Pfeiffer para demonstrar o uso indiscriminado das expressões reestruturação e reorganização societária: "Essa operação refere-se a uma reestruturação societária dentro do mesmo grupo econômico, sem modificação de controle acionário e que não é capaz de criar efeitos negativos nos mercados definidos".	
AC 08012.00001831/2001-61 Requerentes: Fuji e Xerox	27.06.2001	Operação aprovada sem restrições.	Duas empresas detinham cada uma 50% das ações de uma terceira. Trata-se da operação de aquisição de alienação de 25% da participação de uma acionista para o outro. A empresa alienante manterá suas cadeiras no Conselho de Administração correspondentes à sua participação de 25% e permanecerá exercendo seu direito de controle conjunto sobre decisões significativas.	Trata-se de mera mudança no controle acionário que não gera qualquer alteração na estrutura de mercado.	

CASO	DATA DA DECISÃO	VOTAÇÃO (resultado)	DESCRIÇÃO DA OPERAÇÃO	ENTENDIMENTO ADOTADO	PRECEDENTES CITADOS
AC 08012.000348/2001-69 Requerentes: KCC e Fanta	04.04.2001	Operação aprovada sem restrições.	Empresa que detinha 51% das ações de uma companhia adquire mais 19% ao comprar parcela da participação da outra acionista que detinha 49%.	Trata-se de reestruturação societária sem alteração de quaisquer outros atributos do mercado.	
AC 08012.000434/2001-71 Requerentes: Phelps e Alcoa	04.04.2001	Operação aprovada sem restrições.	Aquisição de 40% das ações de uma empresa por companhia do grupo que já detinha os outros 60%.	Expressiva participação pré-existente à operação já permitia ao grupo ao qual pertence a empresa adquirente exercer influência sobre a administração da empresa adquirida, inclusive sobre sua política comercial.	
Consulta 0073/00 Consulentes: Enerpaulo e Draft	21.03.2001	Consulta não conhecida.	Empresa que já havia adquirido 74,87% das ações de outra por meio de leilão de privatização deseja saber se posterior complementação da aquisição realizada em oferta pública de ações atingindo 94,57% das ações deve ser apresentada.	Consulta não conhecida por tratar de operação já consumada. Desse modo não resta alternativa às consulentes além de submissão da operação à análise do SBDC.	
Ac 08012.012591/99-53 Requerentes: Pillsbury e Brisco	03/03/2001	Operação aprovada sem restrições.	Aquisição de controle acionário de uma empresa por outra por meio de cisão parcial.	Requerentes não apresentaram operação primária pela qual a empresa adquirente havia adquirido 18,47% do capital social da adquirida. A presente operação nada mais é que uma cisão parcial, ou seja, uma reorganização societária, resultante daquela primeira operação. Aquisição de participação minoritária deve ser submetida à apreciação do Cade pois pode gerar poder de influência na condução dos negócios.	

CASO	DATA DA DECISÃO	VOTAÇÃO (resultado)	DESCRIÇÃO DA OPERAÇÃO	ENTENDIMENTO ADOTADO	PRECEDENTES CITADOS
				Por se tratar apenas de reorganização societária, a presente operação não altera os graus de concentração horizontal ou vertical.	
AC 08012.006223/00-61 Requerentes: Anglo e Mineração Catalão	14.02.2001	Operação aprovada sem restrições.	Aquisição de 30% do capital social de uma empresa por outra que já detinha 67% antes da operação.	Operação não alterará estrutura do mercado, visto que adquirente já controlava a adquirida.	
AC 08012.005037/2000-13 Requerentes: Enron e Transredes	31 01.2001	Operação aprovada sem restrições.	Empresa adquire participação de 6,25% em outras empresas na qual já detinha 50% e 52% do capital social, sendo a empresa que ora aliena as cotas controlada (50%) por uma *joint venture* na qual a empresa adquirente participa com 50% das ações.	Operação não é mera reestruturação societária, pois os acionistas minoritários da empresa que ora aliena suas cotas deixaram de participar do empreendimento. Por isso a operação deve ser conhecida. A operação não traz prejuízos à concorrência porque não houve alteração do controle das empresas cujas cotas se adquire, posto que elas já eram controladas conjuntamente pela adquirente e outra empresa.	
AC 08012.010837/99-71 Requerentes: Procomp e Merrill	24.01.2001	Operação aprovada sem restrições.	Empresa recompra participação societária que havia vendido a outra empresa.	Saída de um sócio e compra de sua participação pelos demais constitui ato de concentração, uma vez que pode alterar a forma pela qual a empresa atua no mercado.	
AC 08012.002993/2000-35 Requerentes: CCP e Americanas.com	22.11.2000	Operação aprovada sem restrições.	Subscrição de ações preferenciais de uma dada empresa por empresas investidoras.	Empresas compradoras são sociedades investidoras que obtiveram ações que não atribuem poder decisório. Desse modo, a operação não resulta em alteração nas participações no mercado, nem sugere possibilidade de exercício unilateral ou coordenado de poder de mercado.	

CASO	DATA DA DECISÃO	VOTAÇÃO (resultado)	DESCRIÇÃO DA OPERAÇÃO	ENTENDIMENTO ADOTADO	PRECEDENTES CITADOS
AC 08012.009545/98-97 Requerentes: Minasgás e SHV	04.10.2000	Operação aprovada sem restrições.	Empresa que já detinha 50% de capital social da outra adquire o restante das ações.	Grupo adquirente já detinha participação acionária de 50% na empresa adquirida, participando ativamente de sua administração.	
AC 08012.000765/00-4 Requerentes: BNY e Credibanco.	04.10.2000	Operação aprovada sem restrições.	Empresa que já detinha 50% de capital social da outra adquire mais 40% das ações.	Empresa adquirente já detinha participação expressiva no capital da outra (33,3 % das ações ordinárias e 66,6% das preferenciais, condição que lhe permitia exercer influência na administração da empresa).	
AC 53500.001461/00 Requerente: Globostar	30.08.2000	Operação aprovada sem restrições.	Aquisição de uma ação de uma empresa, e celebração de acordo de acionistas que outorgaram à empresa adquirente determinados direitos de acionista minoritário. No mesmo momento houve assinatura de um contrato de opção de compra de mais 15% das ações representativas do capital social da empresa cuja cota foi adquirida.	Empresa adquirente não participava do mercado, assim seu ingresso no capital da outra, seja por meio da aquisição de uma ação, seja mediante o exercício da opção de compra, não prejudicará a concorrência.	
AC 08012.000704/00-56 Requerente: Akros	30.08.2000	Não-conhecimento da operação que não se enquadra no § 3.º do art. 54 (decisão por maioria)	Incorporação e extinção de empresas pertencentes ao mesmo grupo.	Ato não visa à concentração, não implica efetiva transferência de poder econômico.Trata-se de mudança na configuração interna do grupo (a expressão utilizada é reestruturação societária) em que não houve alteração nas participações relativas (o grupo continuou detendo a totalidade das ações das empresas incorporadas) e não envolveu transferência de ações para empresas externas ao grupo.	AC 07/94; AC 10/94 (ambos Grupo Tigre); AC 20/94 (CBV); AC 08012.004809/00-66 (Grupo Boxte)

CASO	DATA DA DECISÃO	VOTAÇÃO (resultado)	DESCRIÇÃO DA OPERAÇÃO	ENTENDIMENTO ADOTADO	PRECEDENTES CITADOS
AC 08012.004809/00-66 Requerentes: Baxter e Edwards	02 08.2000	Operação não conhecida por não se enquadrar nas hipóteses do art. 54.	Cisão de uma empresa que faz parte de um grupo.	Operação não passa de reestruturação societária cuja apresentação é desnecessária.	AC 20/94
AC 08012.006659/2000 Requerentes: Volex, Pedro e Bárbara	28.03.2000	Aprovação sem restrições.	Aquisição de 40% do capital social de uma dada companhia pertencente a pessoas físicas por empresa do grupo que já detinha o restante das ações.	Expressiva participação preexistente à operação já permitia ao grupo exercer influência sobre a administração da empresa, inclusive sobre sua política comercial.	
AC 08012.003407/99-10 Requerente: Dura	22.03.2000	Operação não conhecida.	Incorporação de metade das ações de *joint venture* por empresa, que pertence a grupo titular da outra metade das ações, e que anteriormente havia incorporado todos os ativos da empresa que detinha essa participação na *JT*.	Trata-se de mera reorganização societária envolvendo empresas do mesmo grupo econômico.	AC 20/94 (CBV); caso Grupo Tigre; AC 08012.08448/97-02 (TAM)
AC 08012.06962/98-78 Requerentes: Cigna e Banco Excel	15.03.2000	Aprovação sem restrições.	Empresa adquire 50% restante das cotas de outra empresa.	Aquisição de participação minoritária deve ser apresentada ao Cade, visto que esta pode implicar influência sobre estratégias e decisões comerciais. Formação de *joint venture* entre as requerentes anteriormente à operação já havia dado condições de comportamento coordenado.	
AC 53500.003750 Requerentes: NTT e Telefónica	08.03.2000	Operação não conhecida.	Alteração na composição acionária de um consórcio sem alteração do controle.	Reorganização societária na composição de um consórcio que não implicou o grau de concentração do mercado relevante.	

CASO	DATA DA DECISÃO	VOTAÇÃO (resultado)	DESCRIÇÃO DA OPERAÇÃO	ENTENDIMENTO ADOTADO	PRECEDENTES CITADOS
AC 08012.004185/99-17 Requerentes: Docol e Incepa	10.11.1999	Aprovação sem restrições.	Empresas que já eram sócias no segmento de mercado em questão realizam operação pela qual uma delas adquire 51% do capital que antes pertencia a outra em uma dada empresa da qual ambas passam a ser acionistas.	Operação conhecida em razão do faturamento. Não altera estrutura do mercado nem prejudica a concorrência principalmente porque as empresas já eram sócias.	
AC 53500.000195/99 e 53500.000378/99 Requerentes: UGB e Bitel	06.10.1999	Aprovação sem restrições.	Empresa que já detinha controle de empresas compra restante das ações que pertenciam a outra empresa.	Não se trata de transferência de controle acionário dentro de empresas do mesmo grupo, mas de transferência entre empresas de grupos diversos que exerciam mutuamente o controle de terceiras empresas (reestruturação societária e reorganização societária são utilizados indistintamente). Obs.: Procuradoria entendeu tratar-se de consulta e não de AC por ato não ser passível de submissão ao Cade.	AC 08012.005760/98-18 (Perez Companc e Copesul); AC 177/97 (CBE e Unigel)
AC 08012.004312/99 Requerentes: Magmeti e Agip	08.09.1999	Aprovação sem restrições.	Aquisição de 50% do capital social de uma empresa pela companhia que é subsidiária integral do antigo acionista (remanescente).	Não prejudica a concorrência, pois não cria nem reforça posição dominante na medida em que a adquirente já detinha elevada participação e atuava ativamente na formulação de políticas comercias.	

CASO	DATA DA DECISÃO	VOTAÇÃO (resultado)	DESCRIÇÃO DA OPERAÇÃO	ENTENDIMENTO ADOTADO	PRECEDENTES CITADOS
AC 08012.009729/98-10 Requerentes: Johnson e Geraldo Félix	25.08.1999	Aprovação sem restrições.	Empresa que já detinha controle de empresa do mesmo grupo adquire 40% das cotas das ações dessa empresa pertencente a uma pessoa física.	Não prejudica a concorrência, pois não cria nem reforça posição dominante na medida em que a adquirente já detinha elevada participação e atuava ativamente na formulação de políticas comercias.	
AC 08012.009463/98-14 Requerente: TCW	14.07.1999	Aprovação sem restrições.	Reestruturação societária, financeira, patrimonial e operacional acertada entre as requerentes.	Requerentes alegaram que a operação não deve ser conhecida pelo Cade por se tratar de mera reestruturação societária. Reconhecimento de consolidação da jurisprudência do Cade nesse sentido. Caso não trata de mera reestruturação societária, pois houve transferência de ativos entre as empresas, o que indica probabilidade de modificação da estrutura de mercado.	Caso TAM
AC 08012.000297/99-07 Requerente: TCW/Camil Holding	12.05.1999	Operação aprovada sem restrições.	Empresa que não atuava no mercado anteriormente adquire 50% das ações de uma companhia.	Operação conhecida em função do faturamento das requerentes. Não prejudica a concorrência.	
AC 08012.006375/98-42 Requerente: Mark IV	05.05.1999	Operação aprovada sem restrições.	Empresa que já detinha maior parte das ações de duas outras adquire o restante das ações.	A obrigação de apresentar um ato, uma vez preenchidos os requisitos do § 3.º é objetiva, cabendo ao Cade determinar se a operação causa ou não dano. De outra maneira o § 3.º seria inútil.	Interpretação do critério do faturamento: AC 28/95 (Nalco e Exxon); AC 08012.002730/98-41 (Sherwin Williams); AC 08012.002740/98-02 (Sherwin Williams)

CASO	DATA DA DECISÃO	VOTAÇÃO (resultado)	DESCRIÇÃO DA OPERAÇÃO	ENTENDIMENTO ADOTADO	PRECEDENTES CITADOS
				Expressão "qualquer forma de concentração econômica" deve ser lida em sentido amplo, incluindo aquisição de participação minoritária vinculada a acordo de acionistas que assegura influência relevante.	Amplitude da expressão qualquer forma de concentração: AC 08012.005760/98-18 (Perez Companc); AC 08012.008249/97-88 (Belgo e Dedini); AC 08012.007680/93-51 (Rossi e Itaú); AC 08012.000034/99-90 (Tessenderlo e Debida)
AC 08012.010081/98-15 Requerente: Arno	05.05.1999	Operação não conhecida por não se enquadrar nas hipóteses previstas no art. 54. (v.u.)	Aquisição por uma empresa, das quotas de suas controladoras, sendo todas controladas por uma mesma terceira empresa.	Trata-se de reorganização/ reestruturação societária entre empresas do mesmo grupo econômico.	AC 20/94 (CBV); caso Grupo Tigre; AC 08012.08448/97-02 (TAM)
AC 08012.002611/98-51 Requerentes: Herbitécnica e Defensa	28.04.1999	Operação aprovada sem restrições. (v.u.)	Desenvolvimento do conjunto de atividades produtivas e comerciais, que pode progredir em direção à unificação das empresas, sendo ambas controladas indiretamente por uma terceira.	Cade: impropriedade da apresentação de operações que dizem respeito a mudanças na configuração interna dos grupos *cujo resultado não implica qualquer mudança da estrutura da propriedade acionária*. Caso em tela não tão simples: terceira empresa terá 70% das ações da empresa unificada. Necessidade de caracterizar existência de influência sobre estratégia concorrencial. Atas e acordos de acionistas mostram que,	

CASO	DATA DA DECISÃO	VOTAÇÃO (resultado)	DESCRIÇÃO DA OPERAÇÃO	ENTENDIMENTO ADOTADO	PRECEDENTES CITADOS
				apesar de apesar de participação minoritária (49%) em uma das empresas que ora colaboram, a terceira empresa, que já controlava o capital social da outra empresa que ora colabora, era capaz de influenciar áreas estratégicas de ambas as empresas.	
AC 08012.000034/99-90 Requerentes: Debida e Tessenderlo	28.04.1999	Operação aprovada sem restrições.	Constituição de *joint venture*, resultado de associação entre duas empresas.	O fato de as empresas entenderem não haver dano à concorrência não as exime da obrigação de apresentar um ato. É citado como jurisprudência acerca de influência relevante.	Interpretação do critério do faturamento: AC 28/95) Nalco e Exxon); AC 08012.002730/98-41 (Sherwin Williams); AC 08012.002740/98-02 (Sherwin Williams)
AC 08012.007680/98-51 Requerentes: Rossi e Itaú	14 04.1999	Operação aprovada sem restrições.	Aquisição de parcela minoritária do capital de uma empresa por uma outra.	Operação teve análise completa apesar de se tratar de aquisição de parcela minoritária do capital social.	
AC 08012.009887/98-61 Requerentes: Innova e Perez Companc	31.03.1999	Operação não conhecida por não se enquadrar nas hipóteses previstas no art. 54.	Incorporação de uma empresa por outra, pertencendo ambas a uma terceira.	Trata-se de reestruturação societária consubstanciada na transferência de ações entre subsidiárias do mesmo grupo.	AC 20/94 (CBV); caso Grupo Tigre; AC 08012.08448/97-02 (TAM)
AC 08012.008595/98-10 Requerente: Mahle e Miba	24.02.1999	Operação aprovada sem restrições.	Compra de 30% das quotas de uma empresa por outra.	Operação conhecida em razão do faturamento das requerentes. Não prejudica a concorrência.	
AC 08012.005234/98-85 Requerentes: Arvin e COFAP	20.01.1999	Operação aprovada sem restrições.	Empresa que possui 40,01% da compra restante das ações da empresa da qual já participa.	Não prejudica a concorrência, pois não cria nem reforça posição dominante.	

CASO	DATA DA DECISÃO	VOTAÇÃO (resultado)	DESCRIÇÃO DA OPERAÇÃO	ENTENDIMENTO ADOTADO	PRECEDENTES CITADOS
AC 08012.004451/98-58 Requerentes: Ipiranga e Hoechst	20.01.1999	Operação aprovada sem restrições.	Compra de 40% das ações de uma companhia por outra que já detinha elevada participação acionária e participava ativamente de sua política comercial.	Operação conhecida em razão do faturamento das requerentes. Não prejudica a concorrência, pois não cria nem reforça posição dominante na medida em que a adquirente já detinha elevada participação e atuava ativamente na formulação de políticas comerciais.	
AC 08012.007087/98-23 Requerentes: Basf e Isopor	19.01.1999	Operação aprovada sem restrições.	Compra de empresas por outras que não participavam do mesmo mercado relevante.	Alteração no controle acionário em que novos proprietários não participavam do mercado relevante não afeta a concorrência.	
AC 08012.08448/97-02 Requerente: TAM	09.12.1998	Operação não conhecida: não se enquadra nas hipóteses previstas no art. 54.	Transferência de ações entre companhias que pertencem ao mesmo grupo.	Trata-se de reorganização societária consubstanciada na transferência de controle acionário entre empresas do mesmo grupo.	AC 55/95 (Dental Pack e Colgate); AC 7, 10 e 20/94
AC 08000.004545/96-12 Requerentes: Supergasbras e SHV	09.12.1998	Operação aprovada sem restrições.	Empresa que não atua diretamente no mercado adquire 49% das ações de outra.	Ainda que não tenha havido aquisição de controle, a empresa adquirente passou a exercer nfluência sobre o negócio da outra, eliminando efetivamente a concorrência entre elas.	Obrigatoriedade de apresentação preenchido 1 requisito do § 3.º: AC 45/95 e 11/96 Interpretação de que lei não discrimina forma do ato jurídico: AC 71/96 e 188/97

CASO	DATA DA DECISÃO	VOTAÇÃO (resultado)	DESCRIÇÃO DA OPERAÇÃO	ENTENDIMENTO ADOTADO	PRECEDENTES CITADOS
AC/Consulta 08012.005760/98-18 Requerentes: Perez Companc e Innova	25.11.1998	Operação aprovada sem restrições.	Empresa que já era acionista adquire 50% do capital social de uma companhia, deixando assim de compartilhar o controle com o acionista que se retira.	Cabe ao Cade decidir se determinada operação traz danos à concorrência, ainda que haja dúvidas quanto ao enquadramento no *caput* do 54 as partes devem apresentar. A expressão qualquer forma de concentração econômica possui sentido bastante amplo e inclui os atos que afetam a dinâmica do controle interno das empresas, preenchidos os requisitos do § 3.º. Atuação da empresa pode ser afetada por mudança no quadro societário que atinja a estrutura de controle.	AC 53500.000195/99 e AC 53500.000378/99 (UGB e Bitel) AC 177/97 (Unigel)
AC 08012.008249/97-88 Requerentes: Belgo-Mineira e Dedine	21.10.1998	Operação aprovada sem restrições.		Não há alteração estrutural que cria ou aumenta poder de mercado. Empresas já atuavam de forma coordenada, coordenação esta que foi apenas levada ao limite por meio dessa operação.	AC 14/94 (Belgo e Dedine)
AC 117/97 (08000.001162/97-28) Requerentes: Agco e Deutz	14.10.1998	Operação aprovada sem restrições.		Trata da mudança de entendimento na interpretação do § 3.º.	AC 28/95 (Nalco e Exxon)
AC 135/97 Requerentes: Unigel e CBE	05.08.1998	Operação aprovada sem restrições. (v.u.)	Incorporação realizada entre empresas que possuem mesmo endereço comercial, mesma atividade industrial e comercial e mesmos acionistas, sendo esses acionistas empresas *holding* controladas por empresas pertencentes a grupos diferentes.	Trata-se de reorganização societária envolvendo empresas que cooperam entre si.	

CASO	DATA DA DECISÃO	VOTAÇÃO (resultado)	DESCRIÇÃO DA OPERAÇÃO	ENTENDIMENTO ADOTADO	PRECEDENTES CITADOS
AC 177/97 Requerentes: Unigel e CBE	24.06.1998	Operação aprovada sem restrições. (v.u.)	Compra de metade das ações de uma dada empresa pela companhia que já detinha a outra metade.	Trata-se de mera reestruturação societária que não implica efetiva modificação do controle, dado que a empresa adquirente já detinha 50% das ações antes da operação. Ato que não provoca alteração na estrutura do mercado. Não passa de uma reorganização societária com alteração na titularidade do capital social da empresa cujas ações são negociadas.	
AC 08012.0079992/97-93 Requerentes: BBA e Rhodia	1998 (?) 1997 (?)	Operação não conhecida (voto do relator Fonseca).	Compra e venda de ativos por empresa estrangeira que antes não atuava no Brasil.	O *market share* é o critério por excelência de conhecimento. O faturamento atua apenas como critério auxiliar.	AC 123/97 (Danka e Kodak)
AC 123/97 Requerentes: Danka e Kodak	1998 (?) 1997 (?)	Operação não conhecida (voto do relator Fonseca). Maioria conhece da operação.	Aquisição de parte das atividades de uma companhia por outra que não atuava previamente nesse ramo. Atividade representa apenas 1% do mercado.	Noção de faturamento associada à noção de concentração. Quando os agentes não contribuem para concentrar ou juntar capital, o faturamento é desprezível como requisito de conhecimento. Nas operações de simples compra e venda de ativos e de reorganização societária o faturamento não é relevante; o conhecimento para apreciação dessas operações somente será possível se a participação for superior a 20%.	
AC 147/97 Requerente: Tower	1998 (?) 1997 (?)	Operação não conhecida (voto do relator Fonseca). Maioria conhece da operação.	Compra de ativo mediante aquisição de controle acionário de uma nova empresa por parte de uma outra empresa que não participava do mercado.	Ato submetido apenas com base no faturamento do grupo.	AC 123/97 (Danka e Kodak)

CASO	DATA DA DECISÃO	VOTAÇÃO (resultado)	DESCRIÇÃO DA OPERAÇÃO	ENTENDIMENTO ADOTADO	PRECEDENTES CITADOS
AC 166/97	22.07.1997	Operação aprovada sem restrições.	Aquisição de 51% do capital ordinário de uma empresa e posterior incorporação de empresa controlada por esta (da qual o grupo da empresa adquirente já participava com 49% das ações) no capital de empresa pertencente ao mesmo grupo da empresa adquirente.	Empresas alegaram se tratar de reorganização societária. Entretanto, esse argumento não influenciou na forma como a operação foi analisada.	
AC 71/96 Requerente: Electrolux	28.05.1997		Empresa, que já era acionista de uma outra empresa, adquire novas ações que lhe propiciam o controle de seu capital votante.	Jurisprudência citada trata de situação bastante diversa da presente. Aquisição de controle acionário por empresa que até então poderia ser considerada potencial concorrente se enquadra nas hipóteses do art. 54. Utilização do conceito de influência determinante para identificar momento em que houve concentração, entendida como unificação de centros decisórios. Considera que esta teve início quando da primeira aquisição de participação minoritária (10%), pois essa participação compreendeu associação em que empresa adquirente passou a dispor da estrutura industrial da adquirida mediante prestação de assistência técnica e transferência de tecnologia.	AC 20/94 e ACs 07 a 10/94 – desnecessária a aprovação do Cade tratando-se da incorporação de empresas do mesmo grupo econômico por não resultar em concentração nos mercados de atuação das empresas envolvidas.

IMPRESSÃO E ACABAMENTO
Artcolor Ltda
Tel.: (11) 3873.3377